整える習慣

小林弘幸

日経ビジネス人文庫

文庫化にあたって

2020年、世界を襲った新型コロナウイルスの感染拡大。

私たちはこの大きな試練に、どのように向き合えばいいのでしょうか――。

私は医師として、それも自律神経の専門家として、はっきり伝えておきたいことがあります。

それは、**本当に恐れるべきは「感染ではない」**ということです。

三密（密集・密接・密閉）を避け、新しい生活様式を実践する中で、感染を回避する最低限の注意は必要です。それは間違いありません。

しかし、新型コロナウイルスの実態があきらかになってくるにあたり、医学的な意味での「このウイルスとの向き合い方」も見えてきています。

ワクチンや特効薬が完成し、普及するまでにはもう少し時間を要しますが、このウイルスが人を強く攻撃し、即座に死に至らしめるのではなく、多くの場合、長く、弱くとどまり続けるという「生存戦略」を選んでいることも見て取れます。

本当に怖いのは知らず知らずのダメージ

繰り返しますが、新型コロナウイルスに感染しないよう気をつけることはたしかに大切です。

しかし誤解を恐れずに言えば、過剰に感染を恐れ、人々の生活を極端に制限してしまうほうが問題だと、私は捉えています。

これは何も「経済を優先すべき」という立場からの意見ではありません。

あくまでも医師として、過剰に不安や恐怖を煽《あお》り、人々の生活を制限することは、

私たちに別な意味でのダメージを与える懸念があるからです。

これまでと「まったく違った生活」を余儀なくされる。

この状況は知らず知らずのうちに、私たちの心と体に大きなダメージを与えます。

「なんとなく体調が優れない」「落ち込むことが多くなった」「つい、鬱々としてしまう」などの症状を訴える人は実際増えています。状況が長期化する中、この傾向はますます高まっていくでしょう。

「コロナ鬱」という言葉も一般的になりました。

「生活が変化して、ストレスが増した」「さまざまな側面で息苦しさを感じている」「体を動かす機会が減った」「人と会って話す機会が減った」「経済的な面でも、先行きが見えなくて不安」などの状況は**心と体の状態を大きく乱します。**

こうした状況が続くと、人間の醜い部分が露見しやすくなり、攻撃的になることは医学的にも証明されています。

DVやネグレクト、いじめ、差別、自分勝手な振る舞いが増えていくのは、医師の立場から見れば、ある意味必然です。

自律神経が乱れ、体の不調も増える

直接人と会っておしゃべりをしたり、心地よく感情のやりとりをすると、オキシトシンという「幸せホルモン」が豊富に分泌されます。それだけ「幸福感」を得られるわけです。

ところが、コロナ禍によってこうした人とのふれ合いは減ってしまいました。

また、家の中だけで過ごす時間が増えれば、当然筋力は衰え、転びやすくなったり、階段から転落するなどの事故も増えます。

コロナとはまったく関係なく入院することになった患者さんでも、病院内で転倒・転落する事故が増えています。運動不足を起因として、高血圧や糖尿病の状態が悪化している傾向も見られます。

新型コロナウイルスの問題では「感染リスク」や「重症化リスク」あるいは「経済の問題」が多く取り沙汰されますが、実際には、より多くの人に関係している要素と

して、

・**自律神経の乱れ**
・**メンタル不調**
・**筋力低下**

などが挙げられます。ここを忘れてはいけません。メンタルが不調になれば、自死を選ぶリスクも高まります。

新型コロナウイルスの問題が長期化する局面で、本当に恐れなければならないのは、むしろこうした部分だと私は捉えています。

「新型コロナウイルスから人類への手紙」

世界中に新型コロナウイルスが蔓延した2020年春、ヴィヴィアン・リーチという人が書いた「新型コロナウイルスから人類への手紙」という一通の手紙（一編の詩）が話題となりました。ご存じの方も多いでしょう。

これまで人類がさまざまな「間違った行為」を行い、「間違った方向」へ突き進んできた。それに対して、地球が悲鳴をあげ、人類に警鐘を鳴らしてきたにもかかわらず、人々はまったく耳を貸そうとはしなかった。だから「私」(すなわち、手紙の書き手である「新型コロナウイルス」)が人類にメッセージを送っている。

そんな体裁でこの詩は書かれています。

ちなみに、この詩の最後には「自由にコピーして、シェアしてください」との一文が添えられているので、最後の一節だけ、ここで紹介させていただきます。

私はあなたを罰しているのではありません
私はあなたを目覚めさせるためにここにいるのです
これがすべて終わったら私は去ります
どうか、これらの瞬間を覚えておいてください
地球の声を聞いてください
あなたの魂の声を聞いてください

地球を汚さないでください
争うことをやめてください
物質的なことに気を取られないでください
そして、あなたの隣人を愛し始めてください
地球とその生き物たちを大切にし始めてください
何故なら、この次、私はもっと強力になって帰ってくるかもしれないから……

この「手紙」を読んで、私が一番に感じたのは「私たちは本当の意味で、もっと強くならなければいけない」ということでした。「強く」というと誤解を招くかもしれませんが、ここで言う「強い」とは、

「一人ひとりが、いかに毎日に希望を持って、イキイキと生きていけるか」

という意味です。

新型コロナウイルスが本当の意味で私たちから奪っているのは、まさにこの「毎日、希望を持って、イキイキ生きること」ではないでしょうか。

たった一枚の写真、たったひとつのストレッチで心身が整う

毎日、希望を持って、イキイキ生きる。

生活様式が一変し、さまざまなストレスを抱え、不安の中で生きている現代人には特に大事な要素です。

しかし「希望を持って、イキイキ生きましょう!」と言われても、具体的にどうすればいいのかわかりません。元気のない人に「元気を出せ!」と言っても意味がないのと同じです。

そこで大事なのが、**コンディショニングに対する意識と具体的なノウハウ**です。

たとえば、本文中でも紹介している「一枚の写真を撮る」という習慣。

一日たった一枚でいいので「自分が気に入った瞬間」を写真に撮り、できたらSNSにアップする。そんな習慣を持つことで「散歩に出かけよう」と思えたり、会社への行き帰りでも、周囲の景色に目を向けるようになります。もしかしたら、自分が食べるものにも、少しだけ意識が向けられるようになるかもしれません。

じつにちょっとしたことですが、**日常生活の中に「これっていいな」「おもしろいな」と感じる瞬間をつくり出す。**

そんなことで自律神経は整い、気分は上向いていきます。

漫然と日々を過ごすのではなく、その瞬間に小さなリセットができる。コンディショニングにとって非常に大切な部分です。

リモートワークをしているなら、1時間に一度、5分でいいので体を動かすのもオススメです。ストレッチをひとつだけやって、ゆっくりと10回だけスクワットをする。これだけでも体のコンディションは整います。

心と体はつながっているので**「元気が出ない」「希望が持てない」というときは、**

メンタルでなんとかしようとするのではなく、まずは動いてみる。そんな具体的なノウハウが必要です。

体を動かしたり、深呼吸をしたり、部屋の一部分でもいいので整理整頓をしてみると自律神経は自然に整ってきます。そうやって体のコンディションがよくなれば、少しずつでも前向きな気持ちになれます。

「毎日、希望を持って、イキイキ生きる」状態に近づく

本書は2015年に発刊された『一流の人をつくる 整える習慣』（KADOKAWA）という「コンディションを整えるための本」に、時代に合わせた大幅な加筆をして文庫化したものです。

人々のライフスタイルが大きく変わることを余儀なくされた今、あらためて刊行することに大きな意味を感じています。

今ほど「自らのコンディションを整える意識と具体的なノウハウ」が求められてい

る時代はないからです。

体の状態が整えば、心の状態も整ってきます。つまりそれは「毎日、希望を持って、イキイキ生きる」状態に近づくということです。

何かと窮屈な現状ではありますが、環境に引きずられるのではなく、主体的にコンディションを整え、本当の意味での「強い自分」をつくってください。

本書がその一助になることができれば、著者として望外の喜びです。

2021年1月

小林弘幸

はじめに

あなたは今、自分の実力を何割くらい発揮できているでしょうか。

思い通りに仕事が進み、何をやっても疲れないような理想的な状態を10割とすると、おそらくは7割くらい、下手をすると5割程度しか発揮できていない、そう感じている人も多いのではないでしょうか。それはじつにもったいない話です。

しかし、なぜ多くの人がせっかくの力を十分に発揮できないのか。

答えは簡単です。

それは、**力を発揮するための「整え方」を知らない**からです。

世の中には「実力をつけたい」「スキルアップしたい」という、いわゆる「能力アップ」においては意識を高く持っている人が大勢います。

ところがその半面、「今持っている力を十分に発揮する」という「能力を出し切る」部分に意識を向けている人は本当に少ないように感じます。

はっきり言って、100ある力を120にアップさせても、日常的に70しか発揮できていなければ何の意味もありません。

そんなことにお金と時間と労力を費やすくらいなら、100ある力を「安定的に90出せる」準備、コンディションづくりをするほうがはるかに効果的です。

仕事のクオリティを高めたいなら**「実力をつける」**より**「今の実力を出し切ること」に意識を向ける**ほうが圧倒的に近道です。

「力の出し方」を知らなければ、いくら実力をつけても無駄！

私は医師として、多くの一流スポーツ選手のコンディショニング・アドバイザーをしています。彼らに共通しているのは「いかにして、本番で自分の力を出すか」という高い意識を持っていること。

Jリーガー、野球選手、ゴルファー、バイクレーサー、ラグビーの日本代表選手など、私は世界の第一線で活躍する選手たちからアドバイスを求められますが、なぜ彼らが私の意見を聞き、指導を受けたがるのか。その理由は明白です。

彼ら、彼女らは「実力をつけること」のみならず、「今の自分の実力を100%発揮すること」の大切さとむずかしさを痛いほど知っているからです。

まさに「力の出し方」の部分。

そもそも、スポーツの世界には次の3つのトレーニングアプローチがあります。

1. ストレングス
2. コンディショニング
3. ケア

1のストレングスとは、文字通り筋力を強くしたり、技術を向上させるなど「スキルアップ」を目指したトレーニング。そして、3のケアとは、ケガをした箇所を治したり、従来通りのパフォーマンスが発揮できるようリハビリをするなど「マイナスからゼロに戻す」トレーニングです。

ストレングスやケアも、もちろん大事です。

しかし、それに加えて**「持っている力を発揮するために状態を整える」**というコンディショニングをきっちりやらなければ、真の力を発揮することはできません。

だから一流のアスリートになればなるほど、徹底した準備をしますし、メンタルの整え方を工夫し、集中力を高めるトレーニングを欠かさないのです。

じつはこの一流アスリートたちがやっている**コンディショニングの意識こそ、多くのビジネスパーソンにもっとも欠けている部分**だと私は感じます。

一般の人でもケガや病気になれば回復するためのケアをします。それは当たり前でしょう。あるいは冒頭で述べた通り、「実力をつけたい」「スキルアップしたい」という思いを持って、ストレングスに励んでいる人は大勢います。

ところが残念ながら「実力を出し切る」というコンディショニングの意識を持っている人は非常に少ない。

せっかくすばらしい能力を持っていながら、それを5割か、6割しか出せていない人が本当に多いのです。これでは**宝の持ち腐れ**です。

あなたもそのひとりではないでしょうか。

ちょっとした意識や行動を変えるだけで「出せる力」の質が変わる

私はこれまで40冊以上の本を出版し、それらの本の中で主に「自律神経」について語ってきました。

自律神経をひと言で表現するなら、体の状態を（自動的に）整えてくれている器官。つまり「自律神経をいかに整えるか」とは「体の状態をいかに整えるか」と同義です。まさにコンディショニングの意識そのものです。

ところが、これまで「自律神経」というと「健康」の側面ばかりがクローズアップされてきました。

健康になるために自律神経を整えることはもちろん大事です。しかし、むしろ「自分のコンディションを整え、今ある実力を十分に発揮するため」に自律神経を整える。

人生を切り開くには、そんな意識が大事だと私は痛切に感じています。

本書は、そのためのちょっとしたコツや考え方をまとめました。

ぜひ本書をきっかけにして、世の中の多くの人がコンディショニングの意識を持ち、「今の実力を十分に発揮するための整え方」を身につけてほしいと思います。

とはいえ、**本書で紹介する方法は非常にシンプルかつ簡単なことばかり**です。体に負担をかけているもの、ストレスになっていることを一つひとつ丁寧に取り除き、体の構造に即した「行動パターン」を身につけ「意識づけ」をするだけの話です。

・鞄の中を整理する
・服や靴の選び方を変える
・時間の使い方を少しだけ工夫する
・寝る前の習慣を変える
・想定外の問題が起こったら、次の予定をあきらめる
・飲み会の誘いにはすぐに答えず、一日考える

など、一つひとつは今すぐに実践できることばかりです。

大事なのは、**そのちょっとした意識や行動を積み重ねること**。

そうやって常にちょっとだけ意識して、よいコンディションをつくっておくこと。

もし、あなたが「今の自分の実力」を100%（あるいは100%に近い状態で）発揮することができるようになれば、仕事のクオリティは確実に変わります。

それだけで周囲に差をつけることができます。

必要なのは「実力アップ」ではなく「実力を出し切る方法」を知ることです。

ぜひ、あなたの中に眠っている力を呼び起こし、能力を十分に発揮してください。

それだけでも、あなたの人生は大きく変わるはずです。

2015年6月

小林弘幸

整える習慣　目次

第3章 無理したつき合いは断つ
——人間関係の整え方

第4章 体のスイッチを意識する
――体の整え方

第5章 食べ物と食べ方を少しだけ変える
――食の整え方

第6章 今夜の振り返りが、スムーズな明日をつくる ——行動パターンの整え方

第7章 ストレスには正しく対処する
――メンタルの整え方

第8章　自分のタイプを知る
――自分らしさの整え方

編集協力――イイダテツヤ
校正――内田翔

自律神経を意識すると
なぜ仕事がうまくいくのか？

本書では「自律神経」「交感神経」「副交感神経」などの言葉を頻繁に使っていくので、本編に入る前にきちんと説明しておきたいと思います。

そもそも、人間には自分の意思で動かせる部分と、そうでない部分があります。手足や口などは自分の意思で動かせますが、内臓、血管などは自分の意思で動かすことができません。

この「自分では動かすことのできない部分」を司っているのが自律神経です。その名の通り「自律的」（自動的）に生命を維持し、体の状態を整える働きをしています。

そして、自律神経には「交感神経」と「副交感神経」のふたつがあります。

交感神経とは「体を活動的にするための神経」で、車で言えばアクセルのようなもの。

一方、副交感神経は「体を落ち着かせ、休めるための神経」です。車のブレーキのようなもので、睡眠時や食事のあと、栄養を吸収するときなど、体が落ち着かなければならないときに優位になるものです。

「自律神経を整える」とは、ごく簡単に言えば、交感神経と副交感神経をバランスよく、高い状態にすることです。

何かしらの活動をするためには交感神経が高くなければなりませんし、冷静で、落ち着いた思考力、集中力を発揮するには副交感神経も高くなければなりません。

また、自律神経には日内変動があって、一日の中でも「交感神経優位」「副交感神経優位」の時間帯がそれぞれあります。

朝起きてから日中にかけては交感神経が優位で、夜寝る時間に向かって少しずつ副交感神経が優位になり、スムーズに睡眠に入っていきます。

そういった本来的に体が持っている構造や働きに沿うことこそ、結果としてコンディションアップや健康維持につながるのです。

健康とは「良質な血液」が「良好に流れている」こと

自律神経は、私たちが生きていくためにもっとも重要とも言える「血流」を司っています。

極論すれば、健康な体とは「良質な血液」が「良好に流れている」ことです。本書のテーマであるコンディショニングにおいても血流は重要なポイントです。

交感神経は血管を収縮させる働きを持っていて、副交感神経は弛緩させる働きを持っています。つまり、交感神経と副交感神経が正しく機能することで、血管はスムーズに血液を運ぶことができます。

交感神経が過剰に高くなると、血管は収縮し、血液が通りにくくなります。ゴムのホースをイメージしてもらえるとわかる通り、手でギュッと握った部分は当然、水が流れにくくなります。これは血管の内側に圧力がかかっている状態。高血圧になり、内皮細胞を傷つけてしまいます。狭いところを無理やり血液が通るので、当然負担がかかるわけです。

一方、副交感神経が高く、交感神経が高まっていないと、今度は血管が弛緩した状態になり、体全体に血液を適切に運ぶことができなくなります。

たとえば、脳に十分な血液が運ばれなければ、酸素が不足し、脳のパフォーマンスは下がります。脳の機能が低下すれば、判断力や集中力が下がり、感情のコントロールが利かなくなるなど、さまざまな弊害をもたらします。

自律神経のバランスが悪い人は、血流に問題が起こるだけでなく「血液の質」自体も低下することがわかっています。

顕微鏡で見れば一目瞭然なのですが、自律神経のバランスの悪い人は、本来なら丸くて、きれいな形をしている赤血球が変形したり、赤血球同士がくっついてしまっていたりします。

変形し、壊れてしまった赤血球では十分な酸素を運ぶことができません。また赤血球同士がくっついていると、細い末梢血管を通ることができなくなります。

結果として、酸素や栄養を十分に運ぶことができなくなり、パフォーマンスが低下するという構造です。

感情と交感神経は密接な関係がある

本書では、日常のささいな部分に着目した「さまざまなコンディショニング法」をお伝えしていきます。その多くに共通しているのは、落ち着いて、冷静に、淡々と過ごせるような工夫が施されている点です。

医学的に見て、感情やメンタルの状態と自律神経（すなわち体のコンディション）は密接に関係しています。

たとえば、怒りを感じている人の自律神経を測ってみると、交感神経が過剰に高ぶり、非常にバランスが乱れていることがわかっています。血液の質も低下し、いわゆる「ドロドロの血液」にもなっています。

血液の質が下がり、血流も悪くなっているのですから、脳を始め、体の機能が低下するのは必然です。体の構造から見れば、ベストな判断力、集中力、パフォーマンスが発揮できないのは当然です。

怒りだけでなく、不安や緊張などさまざまな状況が自律神経のバランスを悪くすることがわかっています。

別の視点で言えば、睡眠の質が低下すると、夜寝ている間に副交感神経が十分に高まらないので、体はしっかりとリラックスし、休息することができません。

そんな状態で朝を迎えると、今度は交感神経が優位になっていくのですが、副交感神経が極端に低い状態のままなので、非常にバランスの悪い一日を過ごすことになります。

体の構造を理解すればするほど、いかにコンディショニング法が必要となってくるかがわかってくるはずです。

私たちの生活や行動パターン、気分や感情は自律神経と密接につながっています。

つまり、普段のちょっとした行動パターンや習慣、考え方やコミュニケーションによって、自律神経は簡単に乱れもしますし、ちょっとした意識によって体の状態を整えることもできます。

「はじめに」でも述べた通り、大事なのは、自分のコンディションを整え、100%に近いパフォーマンスを常に発揮できる状態をつくることです。

すなわちそれは「自律神経を整える」と同義です。

自律神経の基本構造を知り、日常生活の中で実践できる「整え方」を理解すれば、あなたのコンディションやパフォーマンスは確実に向上します。

第1章

まず、モノを片づけて、心を安定させる

身の回りの整え方

1 鞄の中を探した瞬間に、あなたは乱れている

モノを取り出すために、鞄の中を探し回る。

じつは、そんなささいなことで私たちの自律神経は乱れ、仕事への集中力は大きく下がってしまいます。

スマホが鳴って、取り出そうとしたのにすぐに見つからない。持ってきたはずの資料が見つからず「もしかして、忘れたのか!」と焦る。オンライン会議で使うイヤフォンを鞄に入れたはずなのに、どこにも見当たらない。

そんなちょっとした瞬間に、交感神経は跳ね上がり、血流は悪くなり、集中力は下がり、結果として仕事のパフォーマンスは著しく低下します。

駅のホームなどで、必死の形相で鞄の中をあさっている人がいるでしょう。何かを

忘れたか、なくしたのでしょうが、仮にお目当ての品が見つかったとしても、一度でも気持ちが焦り、自律神経が乱れた状態になってしまったら、その後の仕事のクオリティはどうしたって下がります。

医学的に見て、人間の体とはそういうふうになっているのです。

だからこそ、常にコンディションを整えることが重要で、その第一歩が鞄の中を整理すること。

必要なものと、必要でないものは分ける。必要でないものは鞄から出す。鞄の中は、ポーチなどを使って、どこに、何を入れておくのかを明確にしておく。

そんな単純なことから始めてください。

スマホ、タブレットPC、充電器、ケーブル、必要な書類、手帳、文房具、薬、財布など、必要なものだけが入っていて、それがすぐに取り出せる状態になっている。

これこそ、コンディションを整える上での基本中の基本です。

むずかしいことは何もないので、今すぐ実践してください。

2 鞄に徹底的にこだわる

鞄の中を整理する話に関連しますが、そもそもあなたは「使いやすい鞄」を使っていますか。じつに大事なポイントです。

鞄の形、大きさ、深さ、ポケットの位置や数など、あなたにとってベストな鞄を選ぶことからコンディションづくりは始まっています。

大前提として、あなたは**「自分にとって使いやすい鞄とはどういうものか」**をきちんと把握していますか。

そんな大事な部分を曖昧にしたまま、ただ「安いから」「デザインがいいから」「なんとなく、前から使っているから」という理由で鞄を持ち歩いてはいませんか。

それではコンディショニングはうまくいきません。

自分にとってベストな鞄、すなわち、あらゆる場面を想定した際、もっとも動きがスムーズで、ストレスのかからない鞄とはどういうものなのか、そこをしっかり考えた上で、鞄を選び直してみてください。

別にハイブランドのものを買う必要はありません。

「こういう理由で選んだベストの鞄です」という、あなたなりの明確な意識があればそれで十分。

同じように、はっきりとした意識を持って、ペンケース、メガネケース、スマホカバー、財布などを次々と選んでいくと、あなたの持ち物はどんどん最適化されていきます。

「黒い鞄の中で黒い財布は探しにくいから、黄色にしよう」という感じで**持ち物を次々と最適化していくと、日常のすべてがスムーズかつストレスフリー**になっていきます。

持ち物が最適化され、あらゆる場面での動きが快適になれば、確実に自律神経は整います。結果として、仕事への集中力やモチベーションが上がることは間違いありません。

3 欲しい情報は「ひと目でわかる状態」にしておく

「あの人に連絡しよう」と思ったのに、以前もらった名刺がなかなか見つからず、連絡先がわからない。「あの仕事のデータファイルはどこに保存したんだっけ」とパソコン上で必要なファイルを開けない。

そんな場面に日々遭遇している人も多いでしょう。

じつは、私たちは「欲しい情報を探すため」に多大な時間を無駄にしています。

それだけでも十分もったいないのですが、その探している時間に、焦ったり、イライラしたり、不安になることで自律神経は乱れ放題になっています。

ぜひとも覚えておいてほしいのですが、自律神経というのは一度崩れると3〜4時間は戻りません。つまり、**一度イライラしてしまったら、その後の3時間はコンディ**

ションが崩れっぱなし。血流が悪くなり、脳に十分な酸素とブドウ糖が送られないので、感情のコントロールは利かなくなり、集中力は低下し、判断力も悪くなります。

そんな最悪の状態にしないためにも**「欲しい情報はひと目でわかる」「すぐに取り出せる」という状態を日ごろからつくっておく**ことが肝心です。

とりあえず、すぐに始めておきたいのは名刺など取引先情報の整理。人の名前、会社名、連絡先、どんな用事で関わった人なのかを一覧表にしておくととても便利です。

私の場合、本の出版をするためにいろんな関係者と会うのですが、その情報を整理していなかったばっかりに「連絡先が見つからない」「この企画の担当者は?」「どこの出版社の人だっけ?」などと思い悩むことがけっこうありました。

しかし、今では情報を一元管理しているので、とてもスムーズに連絡することができますし、企画内容と担当者と出版社が完璧にリンクされているので、ストレスなくミーティングに入っていけます。

本当にちょっとしたことですが、とても大きな差が出る部分です。

4 「片づける場所」を決める

モノを片づけるにしろ、情報を整理するにしろ、大事なのは**オートマチック**であることです。

オートマチックとはどういうことかと言うと、結局のところ**「場所が決まっている」**

「その場所に置く」というだけの話。

たとえば、**あなたは自宅でスマホを置く場所を決めていますか。**

おそらく決まっていない人がほとんどだと思います。場所が決まっていないと、いつも違う場所に置くことになり、必要なときにすぐに見つからない。財布であれ、カギであれ、仕事の書類、送られてきた請求書や手紙、各種コード類、文房具にいたるまですべて同じです。

まずは「場所を決める」という作業を徹底することからスタートです。

ただし、資料や書類に関しては、全部を一緒にまとめてしまうと、使いたいときに欲しい情報が取り出せず、ストレスが増えるだけ。

ファイルやトレイをうまく使って、自分なりの「最適ルール」を探し続けることが大切です。緊急度や重要度で分けるのもよし、企画ごとに分類するのもいいでしょう。あるいは、時系列で分ける方法でも構いません。

大事なのは**「片づけ・分類のルールが決まっていること」**と**「そのルールを常に見直す意識を持つこと」**です。

「この分類方法では不便だな」「この資料はどこに入れればいいんだろう」と少しでもストレスを感じたら、そこでいったん立ち止まり、ルールを見直し、よりベストな方法を試してみてください。

本当に仕事ができる人は、この「整理・分類のトライ&エラー」を繰り返し、自分なりのベストなルールを持っているものです。

5　モノを探すときは制限時間を設定する

欲しいモノや情報はすぐに取り出せるようにしておく。

コンディションを整える上での基本です。

しかし、実際には「アレはどこにいったかな？」と何かを探さなければならない場面は訪れるでしょう。

ここでぜひとも実践してほしいのはまず「探す時間を決める」です。

「欲しいモノが見つからない」という状況になった時点で自律神経は乱れています。冷静さを失い、気持ちが舞い上がっています。

そんな状態で何かを探そうとしても効果的ではありません。

たかが「探し物」とはいえ、コンディションを整え、ベストな状態で臨むほうがい

いに決まっています。

そこで「この10分間は探し物をする」「10分で見つからなかったら、そのときには代替案を考える」とはっきり決めてからスタートします。

デッドライン（落としどころ）が決まると、気持ちが落ち着いて、自律神経は整い始めるので、集中して探すことができます。

「見つからなかったら、そのときに代替案を考える」ということまで決めておけば、「もし見つからなかったらどうしよう」とその後のことをあれこれ考え、不安になることも一時的には防げます。

じつは、人間というのは何かに集中しようと思っても「もし○○だったら、どうしよう」「次にこんなことが起こったら……」と先のことを考えすぎるあまり、目の前のタスクに集中できないことがよくあります。こうなると、目の前のタスクのクオリティも下がってしまいます。

仕事に取りかかる前に、デッドラインや落としどころを決めて集中できる状況をつくってから取りかかる。大事なひと手間です。

6 窮屈な服や靴は選ばない

服や靴で体が締めつけられている状態は、私たちが想像している以上に自律神経を乱す要因となっています。

もともと細身で、体型に合っている人は構いませんが、**窮屈な思いをしながら細身の服、靴を身につけていると、それだけで交感神経が上がり、コンディションを崩します。**結果、仕事の効率を落とす原因となります。

医者の立場からすれば、ネクタイも首を締めつけていることにほかならないので、しないほうがパフォーマンスは高まります。

今は服装もけっこう自由になってきましたが、どうしてもネクタイをしなければならない業界、企業の人はちょっとした工夫をすることをオススメします。

たとえば、通勤時はネクタイをせず、ワイシャツの一番上のボタンも外してストレスフリーな状態にします。

そして会社に着いたらネクタイを締める。そのために何本かのネクタイを会社のロッカーに常備しておくのはとてもいい習慣です。

昼食時や外部の人に会わずに済むときには、せめてネクタイをゆるめて、少しでもストレスを軽減するようにすると、さらにコンディションは整います。

もちろん「細身のスーツを着て、ビシッとネクタイを締めることで気持ちが引き締まる」「モチベーションが上がる」という人もいるので、それ自体はまったく否定しません。そういう人たちはこれまで通りのやり方をすればいいと思います。

ただし、「今日はイマイチ集中力が上がってこないな」「どうも疲れが抜けなくて」などコンディションの乱れを感じるときには、いったんはストレスフリーの状態をつくり、体をリセットしてみてください。

7 シャツは「白一択」

私は何年も前から「基本的にはワイシャツは白しか着ない」と決めています。

これも**持ち物を最適化する一環**なのですが、とりあえず**ワイシャツは白、スーツは黒と決めておく**と、服選びが本当に楽で、ストレスがありません。

特別な場合には白以外のシャツを着ることもありますが、日常的には、何も考えることなく、オートマチックに白いシャツと黒いスーツを着用しています。

これは必ずしも「白いシャツと黒いスーツにしなさい」ということではありません。

ただ、人によっては「服を選ぶ」こと自体がストレスになり、コンディションを崩していることがあるということです。

「オシャレな色、柄のシャツやスーツを着たい」という人は構いませんが、「毎朝、服を選ぶのが面倒」「買いに行っても、何を選べばいいのかわからない」という人は、私と同じように「白いシャツと黒いスーツ」と決めておくのがオススメです。

白いシャツと黒いスーツなら、どんなネクタイでも合いますし、どんな席に呼ばれてもとりあえず格好はつきます。

スティーブ・ジョブズの黒いハイネックとデニム、マーク・ザッカーバーグのグレーのTシャツやパーカー。このふたりがいつも同じ服を着ていたのは有名ですね。

私が「シャツやスーツの色を決めている」のは「考えるべき問題」と「考えることなく、オートマチックにしておく部分」をはっきり区別しているからです。

仕事を始めとして重要な事柄については、しっかり、じっくり考えます。しかし、私にとって「服選び」はさほど重要な事柄ではありません。

そういった「考える必要のないこと」については徹底的にルール化し、**オートマチックにして、ストレスを軽減する。**

「考えるべき事柄」に100%のエネルギーを注ぐためにも、案外重要な心がけです。

8 天気の悪い日は明るい色のネクタイ

シャツとスーツの話をしたので、ネクタイについても述べておきます。

ネクタイについては、さすがに毎日同じものをするわけにはいきません。すると、どうしても「ネクタイ選び」の問題が浮上します。

そこでひとつオススメしたいのが「天気の悪い日ほど明るい色のネクタイを選ぶ」というやり方。


色が自律神経に多大な影響を与えることは実験でも証明されています。

明るい色は交感神経を高め、やる気をアップさせてくれる効果があり、反対に暗い色は副交感神経を高めて、気持ちを落ち着かせてくれる効果があります。

そもそも雨の日は副交感神経が高く、交感神経が低くなりがちです。

野生の動物を見れば一目瞭然ですが、雨になると多くの動物が木の下や洞窟などでゆったりと休んでいるでしょう。それは体の構造自体がそうなるようにプログラムされているからです。

その構造は人間も同じ。**雨の日は交感神経が下がり、副交感神経が上がって「休息モード」**になります。

しかし、われわれ人間は「雨が降ったから仕事は休みます」とは言えないので、意図的に交感神経を高めて**「やる気のスイッチ」を入れる**必要があります。

そんな狙いも込めて、雨の日には意図的に明るいネクタイを選んでほしいのです。

雨の日はもちろん、どんよりと曇っている日には、どんな人でも「なんとなくやる気が出ないなあ」「会社に行きたくないなあ」と思うものです。体の構造から、それが当たり前なのです。

そんなとき落ち込んだ気分のまま仕事を始めるのではなく、意識的に交感神経を高めるというのも、コンディションを整える上で重要なアプローチです。

9 服を捨てると集中力が増す

身の回りの整え方で大事なのは、いらないモノはどんどん捨てるということです。一番は洋服ですね。

クローゼットを開けてみて「これは着るかな……着ないかなあ……」と迷うものはとりあえずどんどん捨てることをオススメします。

よく「人生は選択の連続」という言い方をするでしょう。たしかにそれは事実です。しかし、自律神経の専門家の立場からすれば、**「何かを選ぶ」という作業はストレス以外の何ものでもありません。**「選ばなきゃいけない」という状況こそが自律神経を乱し、コンディションを悪くする要因なのです。

とはいえ、人生は選択の連続ですから、重要な決定を下さなければならない（ストレスのかかる）場面はいくらでも訪れます。

だから、せめてクローゼットを開けたときくらいは、スッキリとストレスフリーな**状態をつくっておいたほうがいいに決まっています。**

人間のコンディションというのはおもしろいもので、調子がいいときは、多少散らかっていようが、いらない服やモノが散乱していようが、さほど気にならないものです。

しかし調子が悪いときには、クローゼットを開けていらない服が散乱していると、それだけでイライラしたり、一気にやる気を失ったりするものです。

だから、「明日は重要な会議がある」「苦手な相手との打ち合わせがある」「大勢の人の前でプレゼンをしなければならない」など、気が重い予定があるときほど、自分の周囲を片づけて、余計なストレスを受ける可能性を排除しておくのです。

そのための日々の習慣としても、いらないモノはどんどん捨ててしまったほうがいいでしょう。

10 電子マネーは早めにチャージする

実際に問題が起こる前に、その事態を想定して対処しておく。

これはリスクマネジメントの基本であり、自律神経を無駄に乱さない防御策でもあります。

医者の視点で言うならば「**もしかして、こんな問題が起こるかな**」と**不安を感じる前に、対処しておく**ことをオススメします。

わかりやすいのが車の給油。車を運転する人なら誰もが「もしかして、ガソリンが足りなくなるかも」と感じた経験があるはずです。

自律神経的には、そう感じた時点ですでにアウト。

「ガス欠になるかも」と不安が生まれた瞬間に、自律神経は乱れ、運転に集中できなくなり、事故を起こすリスクが高まっています。

だから、私は給油メーターが残り4分の1を切ったら、迷うことなく給油します。

それとまったく同じ感覚で、**財布の中身が「〇万円以下になったら、必ず継ぎ足す」、電子マネーが「〇千円以下になったら、必ずチャージする」というルール**も決めています。「お金が足りなかったらどうしよう」なんて不安な思いをして、無駄なストレスを感じたくないからです。

周りの人を注意深く観察してみるとわかるのですが、本当に仕事ができる人は「お金が足りなくなったから、ちょっと貸して」「スイカのチャージが不足していたから、ちょっと待って」とは絶対に言いません。

それは何も高給を稼いでいるということではなく、常に余裕を持って準備をしているだけの話です。気づかない人はまったく気にもとめませんが、そんな部分にも、じつは大きな差が生まれているのです。

財布の中身も、キャッシュレスのチャージも含め、どのタイミングでいくらお金を継ぎ足すか。一度見直してみてください。

11 財布の整理を一日一回

身の回りの整理として、一日一回財布の中身を整理するのは意外にオススメです。

『稼ぐ人はなぜ、長財布を使うのか？』という本が以前、話題になったことがありました**が**、医学的な見地から見ても、稼ぐ人が長財布を使うのは十分にうなずけます。

別に「長財布のほうがたくさんお札が入る」という理由ではなく、長財布のほうがあきらかに整理しやすいからです。

お金を稼ぐ人たち、あるいはその道を究める人たちは、意識的にせよ、無意識的にせよ、**自分の行動や習慣を最適化**することが得意です。

たとえば、彼らはお店で支払いをしようとした際、「お札や小銭がスムーズに見つからずに苦労した」「財布の中に入っているカード類の使い勝手が悪い」というよう

なストレスに出合った際、その問題を放置せず、「どうしたら、よりスムーズになるか」「最適化できるか」を考え、改善し続けているのです。

そうやって考えていくと、整理しやすい長財布を使うようになるのも当然だと私は考えます。キャッシュレス化をより進めるのも一案でしょう。

長財布を使うかどうかは別にしても、財布や定期入れ、カード類などを最適化するために、一日一回整理してみるのはいいと思います。

不要なレシートを取り出し、お金の向きを揃える。

金額をチェックして、継ぎ足す必要がないかを確認する。必要なカードが入っていて、不要なカードが入っていないか、それぞれのカードの位置は現状がベストなのかを検証する。

そんなちょっとした整理をするだけで、あなたの生活のあり方が変わります。

生活のあり方が変わるとは、すなわち自律神経の整い方が変わるということであり、それだけあなたのコンディションが整うということです。

12

「帰る前の片づけ」を儀式にする

この章では「身の回りを整える方法」をいろいろとお伝えしてきました。

そんな**「片づけ」「整理」「最適化」の作業を、職場から帰る前に毎日やる。それを習慣にしてしまう**のです。

いわばそれは、一日の仕事の終わりを表す儀式のようなもの。机の周辺、鞄や財布を整理しながら、少しずつ体を「オンモード」から「オフモード」へ切り替えていきます。落ち着いた気持ちで周囲の整理をしていれば、自然と交感神経が下がり、副交感神経が高まってきます。

この習慣だけでもコンディションを整える効果は十分にあります。

翌日の朝、会社に来た瞬間に、自分のデスク回りが整っていると、余計なストレス

を受けず、スムーズに仕事に入っていけます。

何度も述べますが、心も体も調子のいいときは多少回りが散らかっていても気になることなく、集中して仕事をすることができるでしょう。

しかし、「朝起きてみたら、なんとなくダルい」「朝食のとき、家族とちょっとしたケンカをした」「通勤時の満員電車でイヤなことがあった」など、わずかでもコンディションを乱している状態で出社したら、デスク回りが散らかっていることが想像以上のストレスになります。

そうなると自律神経はさらに乱れ、その日の仕事のクオリティは確実に落ちます。

日々のコンディショニングとは、そんなささいな出来事の積み重ねです。

心身ともに調子がいいときは、そもそもコンディショニングの意識など不要です。

調子が悪いときにこそ、いかにその悪い状態に流されることなく、自律神経を上手に整え、いつもと変わらぬ力を発揮できるか。

そこにコンディショニングの差が出るのです。

第2章

一日ごとの体の変化を意識する

時間の整え方

13 午前中の「勝負の時間」を無駄にしない

コンディションを整えるのと同様に「コンディションに合わせた時間の使い方」もとても大事な要素です。

そもそも、人間には**「集中力が高まる時間」「ものを考えるのに適した時間」**があります。

それは午前中。

多くの人が9時から10時くらいに出社すると思いますが、それから昼食までの時間がもっとも集中力が高く、ものを考えたり、創造的な作業をするのに向いています。

そうした、いわば「勝負の時間」にメールチェックをしたり、重要度の低い会議やミーティングをするのは、はっきり言って時間の無駄。

仕事の質を高め、効率を上げたいと思うなら、やはり**「体の状態」と「仕事内容」のマッチングを見直すべき**です。

どうしても朝イチでメールチェックをしなければならない場合は、とりあえずすべてのメールをざっと見て、即座に返信・対応しなければならないものだけに絞って対応し、そのほかのメールは午後に回したほうがいいでしょう。

また、せっかくの「勝負の時間」に、「さあ、これから何をしようか」と考え始めるのも、じつにもったいない時間の使い方。

「何をするか」は最低でも前日に考えておいて、「勝負の時間」が始まったら、すぐに作業を開始できる状態にしておくことがポイントです。それだけ自分の仕事内容の種類やレベル、重要度、緊急度などが整理されていることが大事です。

「勝負の時間に何をするか」という部分まではオートマチックで脳を使わなくていい状態にしておいて、実際の作業に入ったら完璧に集中して、脳の力を100%発揮する。この習慣を持っていると、パフォーマンスは格段に違ってきます。

14 昼食後の2時間は捨ててOK

午前中の「勝負の時間」とは真逆で、**昼食後の2時間はほとんど仕事がはかどらないノンファンクション（非機能）な時間帯**だと思ってください。

そもそも動物は食事をしたらゴロンと横になって休むのが自然の姿。食べたものを消化するための時間ですから、当然、体はその作業に集中しようとしています。

そんな**体の構造に逆らって「効率よく仕事をしよう」「集中力を高めよう」なんてやっても無駄**です。

この時間、一番大事なのはあきらめること。「どうせノンファンクションな時間なんだ」とあきらめてよいのです。

「集中して仕事をしたいのに、はかどらない」「もっと効率よくやりたいのに、眠くなってしまう」と考えるほうがかえってストレスになり、自律神経を乱してしまいます。

そんな無駄なストレスを感じるくらいなら、いっそのことあきらめて、とにかくルーティンワーク。**この時間を利用してメールをチェックしたり、返信する**というのもひとつの方法です。

あるいは、この時間をうまく利用したいなら、人と会うのも一案です。オンラインのミーティングを入れてしまうのもいいでしょう。

人間は、人と話していると、それだけで交感神経が高まり、体に活動のスイッチが入ってきます。最初はなんとなくやる気がなかったけれど、人と話しているうちに集中力が増してきたという経験は誰にでもあるはずです。

自律神経の構造から言って、じつに当たり前の反応です。

そんな体の構造をうまく利用して、**打ち合わせやミーティングを意図的に午後1時~3時くらいにセッティング**する。自分の都合でスケジュールを決められる人には特にオススメの方法です。

15 「終了間際」の集中力を利用する

サッカーやラグビーの試合を見ていると、終了間際にあきらかに集中力が高まって、より攻撃的になることがよくあるでしょう。肉体的にも精神的にも疲れているはずなのに、**「もうすぐ終わる」という状況になると、人間はさらにもう一段ギアが上がり、集中力が高まります。**

この「終了間際の集中力」を仕事に活用するのも、とてもいい方法です。

終業時間の1時間前になったら「あと1時間で、これだけの仕事をしよう！」と気持ちを入れ直してラストスパートをするのです。これはリモートワークでも同じです。場合によっては、朝の「勝負の時間」より高い集中力で仕事ができることもあります。

一番よくないのが、残業やリモートワークでの、終わり時間を決めない仕事が当たり前になっていて時間的なデッドラインがない状態。「締め切りのない原稿は完成しない」とよくいわれますが、**自分の能力を100%発揮するには、自分自身に上手なプレッシャーをかけることも必要**なのです。

過度なストレスはもちろんよくありませんが、「残業すればいいや」「リモートワークだから時間はたっぷりある」という弛緩し切った環境や精神状態では、疲労感が増すばかりで、仕事のクオリティは下がります。

体の構造を熟知した上で、もっとも成果の上がりやすい時間管理をするとしたら、まずは朝の「勝負の時間」を無駄にしないこと。続いて、昼食後の2時間はノンファンクションの時間帯なので、ルーティンワークや人と会う予定を入れ、あまり効果を期待しない。そして終了間際の1時間には、もう一度ギアを入れ直し、「これだけのことを終わらせるぞ!」とはっきり決めてから取りかかる。それが終わったら、最後にデスク回りを片づけて、一日の仕事を終える。

こうした意識で一日を過ごすだけでも、あなたの仕事のクオリティはあきらかに違ってくるはずです。

16
「内容で区切る仕事」と「時間で区切る仕事」を分ける

前の項目では「時間的なデッドラインを設けることが大事」という話をしました。それは紛れもない事実ですが、仕事には「内容で区切るべきもの」と「時間で区切るべきもの」の2種類があることも忘れてはいけません。

あなたにも**「何よりもクオリティを大事にしなければならない仕事」**があるでしょう。たとえば、私なら書籍の原稿や論文を書く場合、あまり時間に追われていると、どうしても仕上がりが雑になってしまいます。

この手の「内容で区切るべき仕事」を、終了間際の1時間で「絶対にあと10ページ書き上げるぞ!」なんてやると、全体のクオリティが下がってしまいます。

「内容で区切るべき仕事」は変に時間で区切ろうとせず、朝の「勝負の時間」をたっ

ぷり使ってやるほうが目指すゴールに近づきやすいわけです。

一方で、資料の整理、書面チェックなどの作業は「**集中力はそれなりに必要だけれど、それほどクオリティを考えなくてもいい仕事**」と言えるのではないでしょうか。

この種の仕事は終了間際の1時間にはピッタリです。

私も日常的に**終了間際の1時間に「時間で区切るべき仕事」**をするのですが、周りの音が一切聞こえなくなるほど高い集中力で、想像以上にはかどることがけっこうあります。

反対に、書類整理、書面チェックのような作業を昼食後のノンファンクションの時間にやると、ダラダラするばかりで、まったく進まず、ミスも多くなるという最悪の結果になります。

ぜひとも一度、あなたの仕事全般を振り返り、「内容で区切るべきもの」か「時間で区切るべきもの」なのかを明確に区別してみてください。

時間管理の概念が変わります。

17

雨の日は「集中時間」を短くして、こまめに休憩を入れる

時間管理をする上で、時間を細かく区切るというのは基本中の基本。**午前中をひとつのまとまりとして捉えるのではなく、ふたつか3つのブロックに分け、その中で「何をするかを決める」**という考え方が必要です。

そもそも**人間の集中力は約90分しか続きません。**どんなに調子がいいときでも、90分ぶっ続けで仕事をすれば、集中力は落ち、効率は確実に下がってきます。

つまり、60〜90分の間に必ず休憩をとり、コンディションを整え直してから続きの作業をするほうが効果的なのです。

時間をブロックに区切っていない人は、今すぐ取り入れることをオススメします。

ここでもうひとつ言いたいのは、雨の日にはさらに時間設定を短くするということ

です。

私はプロ野球の球団にトレーニングのアドバイザーとして入っていますが、雨の日には設定時間を短くして「45分なら、45分集中してトレーニングする」というアドバイスをしています。

すでに述べた通り、雨の日は体のスイッチが入りにくく、集中力も散漫になりがちです。そんな体のコンディションのときに、いつもと同じような時間設定で動いていると、効率が下がるのはもちろん、スポーツ選手の場合はケガのリスクも高まります。

雨の日はあえて時間を短くして「この時間内だけ集中しよう！」という意識づけをする必要があります。

自分の能力を100％発揮したいと思うなら、ビジネスパーソンでも天候やコンディションに応じて設定時間を変えるべきです。雨の日、疲れが抜けない日、イヤなことがあって集中力が落ちている日などは「短い時間集中して、こまめに休憩を入れる」というリズムに変えると、うまく乗り切ることができます。

18 食事中にできる「集中力トレーニング」

時間管理の話とは少し離れるかもしれませんが、ここでひとつ「集中力のトレーニング法」をお伝えしておきます。

そもそも、**集中力が乱れているとは「目の前の事柄以外を考えてしまっている」という状態**です。

つまり、反対に「常に目の前のことだけを考える」という習慣づけをすると、集中力は高まってきます。

たとえば、食事のとき箸でニンジンを挟んで食べるとします。そのときに心の中で**「今、ニンジンを食べている」**と意識します。ご飯を食べるときも、鶏肉を食べるときも、水を飲むときも、歯磨きをするときでも、みんな同じです。

いつでも、丁寧に「今、〇〇をしている」と心の中で意識し、その行動に集中するのです。いわゆる**マインドフルネス**の考え方です。

じつはこれは外科医のトレーニングにもあって、外科医というのは目の前にある状況、手先で行っている行為に集中しなければ、思わぬミスにつながりますし、ミスは取り返しがつきません。

だからこそ、いろいろと考えるべき要素、誘惑が降りかかってきても、目の前の物事に集中するスキルを日ごろから身につけておかなければならないのです。

普段「自分は集中力がない」と感じている人は、ひと言で言えば、余計なことを考える習慣がついているということです。

しかし、人間にとって「何も考えない」「心を無にする」というのはとてもむずかしいこと。**まずは日常生活で「今、行っている動作を意識する」**ことから始めてみてください。

その習慣を続けるだけで、集中力は身についてきます。

19

金曜日の夜に「来週必要なモノ」を揃えておく

より高いパフォーマンスを発揮するために一番大事なことは何かと問われれば、私は迷うことなく「準備」と答えます。

優秀な外科医ほど入念な準備をしています。NHKの『プロフェッショナル 仕事の流儀』にも出演した世界的な小児外科医・山高篤行《あつゆき》先生も**「準備が9割」「手術が始まる前に、すでに結果は決まっている」**と話していました。

裏を返せば、「その場しのぎ」というのは、結果としてもっとも自律神経を乱し、仕事のクオリティを落とすやり方です。

そこでオススメしたいのが、金曜日の夜のうちに来週1週間のことを（ざっくりとでもいいので）シミュレーションして、必要なものを揃えておくという方法。

「火曜日に会議がある」なら、そのための資料は整っているか。会議で発表するとしたら、そのための内容はまとまっているか。練習はしてあるか。

「木曜日に大事な人と会う」という予定があるなら、その際に持っていくべきものは何か、どんな内容・情報を頭に叩き込んでおくべきか、どんな話をすれば、相手は喜んでくれるかなどを考え、あらかじめ準備しておきます。

その際**「もしかしたら、こんな問題、トラブルが起こるかもしれない」と想定**しておけば、さらに準備は万全となり、当日にあたふたして自律神経を乱すこともなくなります。

私自身のケースで言うなら、私はいわゆる医者としての業務だけでなく、スポーツ選手のメンテナンスやアドバイス、メディア出演などさまざまな仕事があります。それらをスムーズかつ高いクオリティでこなそうと思ったら、金曜日の時点で「来週の流れ」をシミュレーションし、「必要な準備」をしておくことが不可欠です。

「手術が始まる前に結果は決まっている」と同様、**金曜日の夜の時点で、来週1週間の成否は決まっている**のです。

20 締め切りは1カ月前に設定する

私はこれまで何百本という論文、依頼原稿を書いてきましたが、締め切りに遅れたことはありません。さすがにこれは自慢していいと思います。

なぜ締め切りに遅れないのかといえば、じつに単純な話で、本当の締め切りよりも1カ月前に「自分なりの締め切り」を設定しているからです。

ただし、誤解しないでください。

「1カ月前に締め切りを設定する」というのは「遅れないこと」が目的ではありません。むしろ、仕事のクオリティを担保するための方策です。

集中力が落ちれば、当然仕事のクオリティは下がります。

そしてすでに述べたように、集中力を落とす原因は「目の前の作業以外に、考えなければならないことがある」という状況。

もうおわかりでしょう。

「締め切りが迫っている」という状況そのものが、集中力を低下させ、仕事のクオリティを落としてしまいます。

原則として、仕事のクオリティとは「それにかけた時間の量」に比例するものです。ただし、それは「追い立てられた時間」ではなく「余裕を持って、いいコンディションで向き合えた時間」の量という意味です。

1カ月前に仕上がっていれば、そこから本当の締め切りまでに何度も見直し、ブラッシュアップする時間（つまりは余裕を持って向き合える時間）がとれます。

人によって仕事の種類は違うでしょうから、1カ月というのはあくまで目安ですが、1週間でも2週間でも早めに締め切りを設定し**「いいコンディションでそのタスクに向き合える時間」を確保する**のはとても大事な時間管理の方法です。

それが実践できれば、確実に仕事の成果、周囲の評価は変わってきます。

21

アクシデントが起こったら「次の予定」をあきらめる

どんな仕事をしている人にも予想外のアクシデントは起こります。すぐに対処しなければならない緊急の用事が飛び込んでくることもあるでしょう。

緊急の用事というのは、忙しいときにこそ入ってくるものです。

さて、その際に最初にやるべきことは何か。

それは間違いなく「次の予定をあきらめる」ことです。

そもそも緊急の用事というからには「すぐにやらなければいけない」ということはすでに決まっています。後回しにできる程度の用事なら、あとでやればいいだけの話。

緊急性が高く、重要な仕事には、ベストなコンディションで臨まなければなりません。

そんな大事な局面で、集中力を乱し、ミスを誘発するのが「次の予定は大丈夫だろうか」「何時に出れば間に合うか」と考えることです。

目の前のタスクに集中するためにも、最初にやるのは「次の予定をあきらめ、必要があれば先方にキャンセルの連絡を入れる」です。

たとえば、医師にとって緊急の用事と言えば、急患です。

急患が運ばれてきて、すぐに対処しなければならないということは、それだけ切迫した状況ということです。

そうした事態が起こった瞬間、私は次の予定をあきらめ、すぐにキャンセルの連絡を入れます。「次の予定は間に合うかな」「キャンセルしたほうがいいかな」と迷っている時間はそもそもありませんし、そんな散漫な精神状態で仕事を始めたら、取り返しのつかないミスを犯すかもしれないからです。

自分の体の状態を整え、100%の力を発揮するためにも、スッパリと次の予定をあきらめる。緊急時に求められる意識です。

22

大問題ほど小さく考え、ささいなことほど大きく考える

自律神経を整え、コンディションを常に良好に保つ秘訣は「大問題ほど小さく考え、ささいなことほど大きく考える」ことだと私は思っています。

もちろん、誰にだって大問題は降りかかってきます。

「自分のミスで何千万円もの損失が出るかもしれない」「大事なクライアントを怒らせてしまった」「この稟議が下りないと、プロジェクト全体が終わってしまう」など、さまざまな大問題があなたの身にも降りかかってくるでしょう。

そんな大問題が起こったときほど、明晰な頭脳と冷静な判断力が必要なのは言うまでもありません。

だからこそ、何よりも先に体のコンディションを整えなければなりません。**深呼吸**

をして、水を一杯飲み、無理にでもいいから笑顔をつくり「さあ、困りましたねえ」とのん気な声で言う。そんな態度が必要です。

大問題が起こったとき、ジタバタしたり、誰かを怒鳴ってみたり、過剰に深刻な表情をしている人は、はっきり言って問題に対するアプローチが間違っています。

そんなことをしても体のコンディションは整わず（それどころか自律神経は乱れる一方で）的確な判断などできるわけがないからです。

反対に「必要な書類がすぐに見つからない」「何も考えずに無駄な飲み会に参加してしまった」など**日常的に起こるささいなミスほど軽く考えて放置してはいけません。**

日々の小さなミスを放置し、ないがしろにする人は、結局は自分のコンディションを崩し、能力をフルに発揮できなくなってしまうからです。「日常的に自分の能力が発揮できていない」という状況こそ、むしろ見逃すことができない大問題です。

大問題ほど小さく考え、ささいなことほど大きく考える。

ぜひ覚えておいてください。

23 移動時間にも習慣をつくる

わずかな移動時間でも有効に活用する。時間活用の王道でしょう。

最近は、電車に乗ると9割以上の人がスマホを操作しているか、ゲームをしているかのどちらかです。ただ私はスマホを操作したり、ゲームをしていること自体が悪いとは思っていません。

大事なのは、それを**「計画的にやっているか」**です。

もし、あなたが「この30分の移動時間は、夜にやれないゲームをしっかりやるんだ！」と決めてゲームに没頭しているなら、これほど有効な時間の使い方はありません。意識を持ってやっているなら、ツイッター、フェイスブックに投稿するのもいいでしょうし、ネットニュースを読むのだって構いません。

一番よくないのは「ただ、なんとなくスマホをいじっている」という状況。

時間を上手に活用したいと思うなら「移動時間に何をするか」を決めて行動することです。

私の場合、移動時間は主に「勉強の時間」と決めています。本や論文を読んだり、場合によっては自分の原稿をチェックしたりする時間です。「移動時間にやること」が決まっていると、おのずと持ち物が決まり、前日から準備をすることができますし、電車やタクシーに乗った瞬間から無駄なく時間を活用できます。

誤解のないように言っておきますが、何も私は「一分一秒を無駄にせず、すべての時間に予定を詰め込め！」と言いたいのではありません。「移動時間は寝る」とか「ぼお～っと景色を眺める」だって一向に構いません。

ただ、それをなんとなくやるのと意識してやるのとでは、大きな違いが出てくるということ。

休むときは「休む」と決める。遊ぶときは「遊ぶ」と決めてやる。

じつはそれが大事なのです。

24 休日を充実させるコツは「ゆるやか」な計画性

休日の過ごし方はまさに人それぞれです。

平日、滅茶苦茶忙しく働いているのに、休日になっても、喜んでマラソン大会に参加したり、スキーやスノーボードに出かける人もいます。そうかと思えば、休みの日は昼まで寝ていて、ダラダラ過ごすという人も少なくありません。

ちなみに、私は「完全に休む」というより、少しでも仕事をして、あまり休日と平日の差をつくらないのが自分に合ったコンディショニング法です。

どれがよくて、どれが悪いということはありません。

ただし一日中ダラダラ過ごす人の場合、ひとつだけ注意してほしいのは「ああ、今日も一日無駄に過ごしてしまった……」と後悔しないようにすること。

自律神経のバランスを崩し、コンディションを乱す要因としては「ダラダラ過ごすこと」自体よりも、「ダラダラ過ごしたことを後悔し、イヤな気分になること」のほうが問題です。

イヤな気分で一日を終えると、それだけで睡眠の質が下がり、翌日の朝のコンディションも悪くなります。そうやって体の状態が悪いまま、翌週の仕事がスタートするという悪循環が始まってしまうのです。

特にダラダラ派の人は、たとえ休日であっても「ゆるやかな計画性」を持つことが大事です。「明日は昼まで寝ていよう」「でも、夕方には散歩がてら買い物へ行こう」とか、「せめて夕食だけは自分でつくってちゃんと食べよう」など、ちょっとした計画で構いません。

言ってみれば、**「ダラダラする一日」の計画を立てる**のです。

すると、同じようにダラダラ過ごしたとしても、後悔どころか、達成感すら覚えます。「計画通りのダラダラした一日」を達成するのと、イヤな気分で眠りにつくのとでは睡眠の質も変わり、翌朝のコンディションもまるっきり違ってきます。

25 「仕事」と「休み」をあえて区別しない

コンディションを整える上で、適度に休むことは絶対に必要です。

ただし医者の立場からすると、週休2日が必要かといえば、必ずしもそうとは言い切れません。

私の場合は「完全なるオフの日」をつくってしまうと、かえってペースが乱れ、オフ明けにうまく仕事モードに入っていけないのです。

そんな自分のタイプを理解してからは、完璧に休みという日はほとんどつくらず、休日でも一度は病院や研究室を訪れ、患者さんの様子を見たり、必要な書類のチェックをするなど、1〜2時間は仕事をするようにしています。

すると、「先生はまったく休まないんですか！」と驚く人もいますが、そのほうが自分のペースに合っていて、良好なコンディションをキープしやすいのです。

ここで大事なのは「自分にとってベストな休み方とはどういうものか?」「コンディションを整える上で、仕事と休みのバランスをどうとるべきか?」をしっかり考え、**自分なりのベストバランス**をつかんでおくことです。

忙しすぎるのはたしかによくありません。

自律神経を乱し、結果として仕事のクオリティを下げるでしょう。

しかし、だからといって「休みの日を増やす」「休日出勤をやめる」だけが正解ではありません。

会社によってそれぞれ事情はあるでしょうが、「週に2日は早めに帰る日をつくる」とか、「午後の予定をゆるやかにしてジムへ行く」「外回りをしつつ、カフェで休む時間を設ける」など、可能な範囲で工夫をしながら、自分にとってベストな「仕事と休みのバランス」を模索してみてください。

自分なりのペースをつかむと、同じ仕事量をこなしていても、あきらかに疲れやストレスの感じ方が変わってきます。

26

生活が変化したら「新しい習慣」でリズムをつくる

新型コロナウイルスの感染拡大により、生活習慣そのものが一変した人も多いと思います。リモートワークが増え、今までとは「時間の使い方」「一日の過ごし方」がまったく変わってしまった。そんな話もよく聞きます。

生活のリズムが変わるのはコンディショニングの大敵。それだけで自律神経は乱れやすくなります。

とはいえ、基本の生活様式が変化したのですから、完全に従来通りの生活を取り戻すことはむずかしいでしょう。

そこでやってみてほしいのが**「変化に対応した新しい習慣」をつくる**ことです。

たとえば、毎朝5時半に起きるとか、夜寝る前に10分だけ本を読む、マインドフルネスを取り入れる、一日5分、一箇所だけ部屋の片づけをするなど、何でも構いません。

今までの生活リズムではなかなか実践できなかったけれど、新しい生活時間であれば「できそうなこと」はたくさんあります。

無理に「今までの生活」を維持しようとするのではなく、新しい習慣を自分でつくっていく。そうやって**自分なりの生活リズムを再構築していく**。

そんな意識が重要です。

実際、私はコロナの問題が起こってから、毎朝4時半に起き、5時から1時間ほど散歩するようになりました。それも毎日同じルートではつまらないので、日々歩く道を変えながら歩き、6時ごろには帰ってきて、それから朝食を食べるという新しい習慣を実施しています。

変わってしまった生活習慣はどうしようもありません。

しかし、それに自分のコンディションを乱されるのではなく、「新しい習慣」を取り入れて自ら「新しいリズム」をつくっていく。大切な意識です。

第3章

無理したつき合いは断つ

人間関係の整え方

27

人の評価は口にしない

ストレスの9割は人間関係にあります。

ストレスを抱えると体のコンディションはどんどん悪くなりますから、コンディショニングの側面から見ても人間関係の改善は不可欠です。

そこでひとつオススメしたいのが「人の評価は口にしない」ということ。

人の悪口を言うことで日ごろの鬱憤を晴らす人もけっこういますが、長い目で見れば、そういう人のほうがより多くのストレスを抱え、自らのコンディションを崩しているように感じます。

数年前から、私は誰かの話題がのぼったときは「よく知らないんですよ」「いや、あまりよくわかりませんね」と言うように決めています。

この**「決めておく」というのが大事なポイント。**

その人のことをよく思っていなければ、どうしても悪口や辛口コメントになってしまうし、無理に褒めようとすれば、それ自体がストレスになります。

以前は、できるだけ人のことは褒めようと思っていたのですが、私も聖人君子ではありませんから、「この人はダメだよなあ」「好きになれないなあ」という相手を無理に褒めるのはストレスになるわけです（もちろん、心から「すばらしい」と思っている人のことは褒めます）。

といって、気に入らない相手の悪口を言っていると、その場は気持ちがいいのですが、後々面倒なことになったり、「言いすぎてしまった」とイヤな気分になることも多い。どちらにしてもストレスを抱えてしまうのです。

だから、私は**「知らない」「わからない」というスタンスで、人の評価は口にしないと決めた**のです。

これは私の経験上、**自律神経を整える最高の対応です。**

28

「見ざる・言わざる・聞かざる」に徹する

人間関係におけるストレスは、相手がいることですから、極論すると自分でなんとかすることはできません。相手は勝手にあなたの気に障ることを言いますし、余計なストレスを持ち込んできます。

それに対して、あなたが何かしらの反応をするとします。言い返したり、相手の誤解を解こうと思ってあれこれ説明したり、言い訳したり……。

果たして、それで物事が解決するでしょうか。あなたのストレスは軽減するでしょうか。

おそらく無理です。こちらのアクションによって変えられるものなどありません。

だからこそ「見ざる・言わざる・聞かざる」に徹する。

何を言われようが、何か自分に関わることが起こっていようが、とりあえず見ない、聞かないが基本。そしてもちろん何も言わない。

このスタンスを意識するだけで、自律神経は圧倒的に整います。**これまで自分が見たり、聞いたりして、反応していた30％でもいいから「見ざる・言わざる・聞かざる」の姿勢を意識してみてください。**

芸能人や有名人など多くの人がネット上でエゴサーチをして自らコンディションを崩していますが、わざわざ見に行って、聞きに行って、余計なコメントまでしていたら、自律神経が乱れまくるのは当然です。

私もかつてはテレビやラジオに出演したり、本が出版されたりすると、その評判、レビュー、SNSの書き込みなどを気にしていました。しかし、自分のストレスを増やすばかりで建設的でないと思い、最近では一切見ないことにしています。

それがどんな内容であれ、わざわざ見に行って、その日のコンディションを崩すほどの価値はまずありません。

29 SNSは「自律神経を乱すツール」

最近はツイッターやフェイスブック、インスタグラムなどSNSを日常的に利用している人も多いでしょう。気軽に人とつながり、友人の近況を知ることができるという意味では便利なコミュニケーションツールです。

しかし、**SNSにアップされている知人・友人の情報を見て、自律神経を乱している人が多いのも見逃せない事実です。**

そもそもあの種のツールには「私ってこんなにスゴい」「こんなにステキな経験をしている」「こんな有名な人と一緒にいる」とアピールして、自己顕示欲を満たす目的があります。

本人はそれで満足でしょうが、それを見た人たちは、なんとなくイヤな気分になったり、変に焦りを覚えたりしていることもあるでしょう。「自分の日常は充実していない……」と落ち込んだり、ねたんだりすることも多いはずです。

もちろん私はツイッターやフェイスブックを完全に否定するわけではありません。ただ医学的な見地から見ると、あれらは往々にして「自律神経を乱すツール」だと認識しています。

何かを発信したり、純粋なコミュニケーションツールとして楽しんでいる分には何の問題も感じません。しかし「他人の動向」が気になるあまり、自分の自律神経を乱し、コンディションを崩すようなら、**SNSとの距離感を考え直す**必要があります。

SNSをやっている時点で一定以上の時間を使っているわけですし、その上、コンディションを崩し、パフォーマンスを落としているとしたら、こんなにもったいない話はありません。

つまらないところで自分のコンディションを崩すより、まずは自分をベストな状態にして目の前の仕事に邁進するほうが、よほど価値ある「つながり」を持つことができます。

30

目的が言えない飲み会には参加しない

どんな人にも「ああ、なんでこの飲み会に参加しちゃったんだろう」「こんな会合なら参加しなければよかった」という後悔が一度や二度はあるでしょう。

無駄な飲み会に参加して、ただでさえストレスを感じているのに、おまけに飲みすぎて、さらにコンディションを崩すということも決してめずらしくありません。

この場合、何より大事なのは**「いったい自分は何のためにこの飲み会に参加するのか?」「何を目的にして、会合に出席するのか?」を考え、決めておくこと**です。

職場のメンバーに飲み会に誘われて、いつもは行かないのに「断ってばかりではよろしくないよなあ」と思って参加するケースがあるでしょう。

この場合、「職場のみんなとの人間関係を良好にするために、たまには飲み会に行くという姿勢を示す」のが一番の目的です。いわば「つき合いが悪いヤツと思われないため」に行くのです。

この目的の明確化が大事です。

目的をはっきり意識しているのと、「今回くらいは参加したほうがいいか……」と曖昧な状態で参加するのとでは、受けるストレスがまるで違ってきます。

仮にその飲み会がどうしようもなくつまらなかったとしても、もともとの目的は「つき合いが悪いヤツだと思われないようにする」です。会そのものが楽しかろうがつまらなかろうが、何の問題もありません。

あなたは自分の目的を十分に達成しているのです。

人づき合いというのは面倒ですし、ストレスのもとになるものです。職場の飲み会、取引先との食事会、各種会合など「面倒な集まり」はたしかにたくさんあるでしょう。

だからこそ、「目的がはっきりしているなら参加するし、特に目的が見つからないなら断る」という明確な線引きが必要なのです。

31 「参加・不参加」の返事は一日経ってから

パーティや飲み会の誘いを受けて、一度は「参加します」という返事をしたのに、その日程が近づくと「ああ、面倒だなあ」と思う。

誰にでも経験があると思います。

そんな憂鬱な飲み会がある日は、朝から「イヤだなあ」「ドタキャンしちゃおうかな」「いや、それはマズいよな」とつらつらと考えてしまうもの。

はっきり言って、その日のコンディションは最悪です。集中力は下がっているし、何をするにもモチベーションが上がりません。

一番の問題は「飲み会に参加する」という返事をしたものの、その覚悟がしっかりできていない点です。

すでに述べた通り、飲み会というのは「目的がはっきりしているなら参加」「そうでないなら不参加」ですから、一度「参加する」と決めたということは「相応の目的がある」ことにほかなりません。

それなのにウジウジ迷うというのは「決め方」に問題があるのです。

こうした事態を回避するには、返事を一日経ってからすること。

私はパーティ、飲み会、食事会などの誘いを受けた際、**絶対に即答はせず最低一日は考えるように**しています。

その場の勢い、そのときの気分で返事をすると、たいてい後悔しますし、結果としてキャンセルをして相手に迷惑をかけることもあるからです。

どんな誘いにせよ「これは本当に行くべきか?」「行くことに、どんな意味や目的があるのか?」とじっくり考えてから参加・不参加を決める。すると、その決断自体に納得感と自信が生まれます。

意味や目的をきちんと考えた上で行った決断というのは、後々ブレることがありません。

32
「安請け合い」をやめればストレスは減る

人は誰でも何かしらのストレスを抱えながら日々暮らしています。

しかしよく考えてみると、**ストレスにはふたつの特徴**があることに気づきます。

ひとつは「**結局、自分が引き起こしている**」ということ。そして、もうひとつは「**いつも同じような形でストレスを生んでいる**」ということです。

職場に、ウマの合わない上司がいるとしましょう。その人と一緒に仕事をしているだけで日々ストレスでいっぱいになる。よくあるケースです。

ただ、客観的に考えてみると、たしかに上司にはいろいろ腹が立ちますが、真の問題は「上司に対する自分の言動」ではないでしょうか。

たとえば、「この仕事を今日中にやっておいてくれ」と言われて「今は別の仕事で手いっぱいだから、今日中なんて無理だよ」とあなたは思う。

思うけれど、結局言えずに引き受けて、夜遅くまで残業してしまう。最近は残業も許されないので、家に持ち帰ってサービス残業をする人もいるでしょう。

ここにストレスの本当の要因があります。そして、同じようなことを何度も、何度も繰り返しているのではないでしょうか。

あなたにとって大事なのは、上司の機嫌をとることではありません。

あなた自身がストレスを抱えることなく、気持ちよく、ハイパフォーマンスを発揮すること。その前提を思い出してください。

だからこそ、ときには淡々と「今は仕事が手いっぱいなので、今日中は無理ですが、明日中なら可能です」と言ってみること。それで何か問題があれば、またそのときに考えればいいのです。

安請け合いをせず、とりあえず、自分の状況を口にしてみる。少しでいいので意識してみてください。

33 我慢が前提の人脈は断ち切る

ビジネスには人脈が大事。

これはたしかにひとつの真実です。ビジネスに限らず、昨今は「どれだけ人脈を持っているか」「どんなコミュニティに属しているか」「どのくらい人を集められるか」といった部分がその人の価値を決めている。そんな傾向すら感じます。

ただし、その一方で**「人脈づくり」「ネットワークの構築」に重きを置きすぎて、大きなストレスになっている人も少なくありません。**

人間関係を見直すという意味でも、ぜひとも自問してほしいことがあります。

それは「ストレスを抱え、自らのコンディションを崩してまで、大事にすべき人脈ですか？」という問いです。

私の経験から言っても、「我慢してまでつなぎ止めようとする人」「ストレスを抱えてまで、持ち続けようとするネットワーク」というのは、本当の意味で自分のためにはなっていません。

それらの相手、ネットワークは、あなたのコンディションを崩し、パフォーマンスを落とす原因にほかならないからです。そんな相手があなたの人生をよりよくしてくれるなんて、普通に考えればあり得ません。

さまざまな事情があって「バッサリ切ることができない」「簡単につき合いをやめられない」ということはあるでしょうが、せめて、あなたの意識の中では**「この人とは、本当につき合っていくべきなのか」「このコミュニティやネットワークは自分にとって本当に必要なのか」という線引きをする**べきです。

世の中には、無意味で、無価値な関係を広げることで「自分のステージが上がった」と思い込んでいる人も多くいます。

しかし、真に大事なのは人脈の広さやネットワークの大きさではなく、本当の意味で「あなたを高めてくれる存在」ではないでしょうか。

34 「認められない」なら「あきらめる」

上司に認められたいけれど、認められない。

そんな状況に悩み、苦しんでいる人も多いでしょう。この状況において、最初にやるべきは「あきらめる」ことです。

「上司に認められない」という状況をバネにして、よりがんばれる人はもちろんそれで構いません。

しかし、「認められたいけれど、認められない」と悩んでいる人は「それをバネにがんばる!」のステージはすでに終わり、やる気を喪失しているケースが多いものです。自律神経的に言えば、**交感神経、副交感神経がともにダウンし、体の中からエネルギーがわき起こってこない状況です。**

そんなときに必要なのは「上司に認められないなら、それでいいや」とあきらめること。「認められたいけれど、認められない」という精神状態こそ、ストレスの原因だからです。

「認められよう」という発想は捨て、自身のコンディションを整え、淡々と仕事をすることに意識を切り替えたほうが、パフォーマンスは高まります。

ただし、ここでのポイントは「すべてをあきらめるのではなく、部分的にあきらめる」こと。

「この分野で認められないなら、他の分野でがんばろう」「この人に認められないなら、別の人に認められよう」など、一方をあきらめて、他方に意識を向けることが重要です。

誰だって、他人の評価は気になるところですが、「自分を評価してくれない人や分野」に固執すると、あなたの自律神経は乱れ、パフォーマンスは落ち、結果として自身の評価をも落とすこととなってしまうのです。

35

「プライド」は百害あって一利なし

プライドを傷つけられた。

そんなことを言う人がたまにいますが、いったい何を傷つけられたのでしょう。

結局、プライドとは自分が望む評価、評判、扱いを受けなかったときに傷つけられるもの。それが怒りやジェラシーとして表れます。

自律神経にとってプライドなど百害あって一利なし。そんなものは捨ててしまったほうがいいでしょう。

プライドは「自分の中」にあるように思えて、その正体は「他人の目」です。他人の目から見て、自分がどう映っているか。他人が自分をどう評価して、どんな扱いをしてくれるのか。そんなところにプライドが見え隠れします。

私はよく「プライドとはガン細胞のようなもの」と言っています。どこかで捨ててしまわないと、どんどん体を蝕みます。

プライドが高い人は周りばかりが気になって、本当の意味で自分の人生を生きていません。たとえば、仕事で70点の出来だったとします。プライドの高い人は、それを周りがどう評価するのかが気になります。

でも、**前回が60点で今回が70点ならそれはすばらしい成果です**。あるいは、前回が80点だったなら、反省し、次回はもっといい仕事ができるようにがんばればいい。本来的にはそれだけです。

ストレスを抱え、メンタル不調になりながらも、大企業の看板にしがみついている人もときどきいますが、それが本当に「あなたが求める人生」でしょうか。プライドに縛られているだけではないでしょうか。

プライドを捨てれば、見えてくるものはたくさんあります。「周囲の目」ではなく「自分自身」に向き合い集中できれば、安定した気持ちで自分の人生を生きることができます。

36
人と会うときは相手の「バックグラウンド」を考える

日々仕事をしていると、どうしたって「イマイチ調子が悪い」「機嫌が悪い」「やる気が出ない」という日があります。

そういう日をなくすためにコンディションを整えるわけですが、そうはいっても人間は完璧ではないので不調な日はあります。

多少気分が悪くても、自分ひとりで仕事をしているうちはまだいいのですが、誰かと会うとなると「今日は不調なので」と言い訳するわけにもいきません。

そんなとき私が意識しているのは「相手のバックグラウンドを考える」ということです。

たとえば、私のところへ診察に来てくれる患者さん、取材に来てくれる出版社の人たちは、暑い中（あるいは寒い中）わざわざ電車に乗って、時間を割いて来てくれています。私の講演を聴きに来てくれる人は、そのために予定を調整し、会場に足を運んでくれているのです。

そんなふうに「相手のバックグラウンド」を考えると、自然と「調子が悪いなんて、甘えたことを言っている場合じゃない」「前の仕事でちょっとくらいイヤなことがあったからって、それを引きずっていたら相手に失礼だ」という気持ちになってきます。

本当にちょっとしたことですが、「相手のバックグラウンドを考える」のはすごく効果があります。**相手のことを考え始めた瞬間から、自律神経が整い、冷静な判断力と思考力がよみがえってくる**からです。

考えてみれば、このスタンスこそ「誠実に人と向き合う」ということであり、人間関係の基本ではないでしょうか。

注意して観察してみると、**一流と呼ばれる人ほど常に情緒が安定し、コンディションが一定**で、いつもにこやかに人と向き合っています。

それだけ人に対して誠実でいるということです。

37

人間関係の極意は「周囲に気持ちよく働いてもらう」

組織やグループの中でもっとも迷惑な存在といえば「周りをイヤな気持ちにさせ、やる気を失わせる人」ではないでしょうか。あなたの職場にもそんな人がいるかもしれませんし、それが直属の上司だったら最悪です。

逆に言うと、組織の中でもっとも求められるのは「周りをいい気持ちにさせ、やる気を起こさせる人」。組織の中で（いい意味での）存在感を示したいなら、あなた自身が「そんな存在」になればいいのです。

実際、私もさまざまな人と連携しながら日々仕事をしています。

プロスポーツの現場に行けば、選手はもちろん監督、コーチ、トレーナー、競技団体関係者、スポンサー企業の方々などいろいろな立場の人がいますし、医療の現場にも、患者、家族、看護スタッフ、各専門の医師たち、それをサポートする人たちなど多くの人と関わります。

正直言って、ときにはイライラすることもあります。「なんて失礼な態度なんだ！」と腹立たしく感じることもあります。

しかし、そんなときこそ「いかにして周りの人たちに気持ちよく働いてもらうか」を強く意識するのです。

誰かが失礼な態度をとったとき、もし私が怒鳴ったり、不機嫌になったら、どうでしょう。その私の態度に他の誰かが気を遣い、結果としてチーム全体のパフォーマンスは下がってしまいます。

自律神経の乱れが周りの人に影響し、全体効率を落とすことは、実験でもあきらかになっています。**あなた自身がどのように自律神経を整えるかによって、周りの人たちのコンディションをも大きく変えてしまう**のです。

若い人、立場が下の人ももちろんですが、上司、リーダー、マネジャーと呼ばれる人たちには絶対に必要な意識です。

38 ゆっくり静かに伝える

自律神経を整え、自分のコンディションを保つコミュニケーション法として「ゆっくり静かに伝える」はオススメです。これを意識するだけで、ストレス要因は圧倒的に少なくなり、自律神経が乱れる機会を減らすことができます。

ゆっくり話すとなぜいいのか。

まずは感情が入らないことです。人は感情が入れば入るほど、話すスピードが速くなります。何かイヤなことを言われたら、すぐに反応する人、猛烈な速度で反論する人がいるでしょう。

完全に自律神経を乱し、コンディションを下げている状態です。

何かを言いたくなったときほど、ひと呼吸置いて、ゆっくり静かに話し始める。

そのスイッチが入った瞬間、自律神経は整い始めます。

私はよく政治家の石破茂さんの話し方が最強だと言っています。一貫して、あの人はいつもゆっくり、静かに話しています。**ゆっくり話していれば、余計なことを言うリスクも減り、過度に誰かを傷つけたり、後悔することも減ります。**政治家として、じつに大事なコミュニケーション術です。

相手に何かを伝えたいときも、早口でたくさんしゃべるのは得策ではありません。

私もテレビやラジオ、人前で話す機会が多々ありますが、10個のいいことを早口で話しても、結局ひとつも記憶には残りません。「いろいろ話していたなあ」と漠然とした印象が残るだけです。

それよりも、ゆっくりとひとつかふたつ、大事なことを静かに話す。

そんなコミュニケーションのほうが**確実に相手の印象に残ります。**

じつに簡単なことですが、ぜひやってみてください。意識すればするほど、あなたのストレスは減っていきます。

39 恋愛ほど自律神経を乱すものはない

講演や雑誌の取材でもよく話すのですが、そもそも**恋愛ほど自律神経を乱し、コンディションを崩すものはありません。**

こんなことを言うと、「恋愛することで、仕事へのモチベーションがアップすることもある」「いい恋愛だってあるはずだ」「お互いを高め合えるカップルだってたくさんいる」などの反論があります。

たしかに一時的には、コンディション管理やモチベーションアップに恋愛が役立つこともあります。

しかし、「恋愛をしている人」と「していない人」を総合的に比較したら、前者のほうがストレス過多で、コンディションを崩す危険があることは間違いありません。

自律神経を乱す最大の要因をひとつ挙げるとすれば、それは「不安」。

人間というのは「はっきりしないもの」「不確定なもの」「自分がコントロールできないもの」に触れると不安を感じるようにできています。

彼氏・彼女との関係がうまくいっていないときは、それだけでストレスでしょうし、仮に関係に問題がなかったとしても、LINEをした際、ちょっとでも返信が遅れていると「何かあったのかな」と気になります。

その時点で「はっきりしない」「不確定」「自分ではコントロール不能」という不安要素のオンパレード。自分ではそれほど意識していなくても、自律神経は乱れ、集中力はあきらかに低下しています。

もちろん「恋愛すべきではない」と言いたいわけではありません。

ただ純粋な事実として「恋愛がいかに自律神経を乱す危険性があるか」を理解しておいてください。

40 夫婦の理想型はラブラブではなく「家族」になること

恋愛の話をしたので、夫婦関係についても触れておきましょう。

人間関係の問題はストレスの最大要因なので、当然、**夫婦間のコミュニケーションでも自律神経を乱し、コンディションを崩すケースはたくさんあります。**

ただし、夫婦の関係性が、いい意味で、親子や兄弟のように「本当の家族」となれているとしたら、自律神経を乱すより、安定させる効果が得られることも多いでしょう。

家に帰って、奥さんや旦那さんの顔を見て落ち着く、気が休まるという人は、あきらかに夫婦という関係がコンディション維持に貢献しています。

一方で、夫婦間がギスギスしていて「何かというと言い争いになる」「一緒にいるだけで息が詰まる」という関係だとしたら、お互いが自律神経を乱していることは間違いありません。

ひとつ気をつけてほしいのは、「夫婦の関係がラブラブで、一緒にいるとワクワクする」「楽しい気持ちになる」という状況。

夫婦仲はいいに越したことはありませんが、胸がときめく恋人同士のような関係では、家に帰ったあとも交感神経が高すぎて「休息モード」に入っていけません。

すると睡眠の質も下がり、翌朝からのコンディションも悪くなりがちです。

気持ちは高ぶっているので、自覚症状はあまりないかもしれませんが、そんな生活が続くと、だんだんと疲れやすくなり、「日中には、なんとなくぼんやりしてしまう」なんて症状が出てくる可能性があります。

自律神経を整え、いいコンディションを維持するためには**「気を遣わず、落ち着ける関係」**を目指すことがやはり一番大事なのです。

第4章

体のスイッチを意識する

体の整え方

41 「心・技・体」で最初に整えるべきは「体」

仕事でもスポーツでも「心・技・体」の3つが揃うことは大事です。

しかし、その中で最初に整えなければいけないのは、何といっても「体」です。

体の状態が悪ければ、心がいくら整っていてもいいパフォーマンスをすることはできませんし、いくら技術があったとしてもそれを100%発揮することができないからです。

すべてのベースとなるのは体のコンディションです。

ところがじつに残念なことに、体のコンディションづくりを軽視している人はたくさんいます。

さすがに、高熱が出ているとか、お腹が痛くて仕方がないなどあきらかな病気を放置する人はいませんが、自分の能力を100%発揮するための「コンディションづくり」を意識している人はごくわずかです。

ここではっきり認識しておいてほしいのは、**「病気でない状態」と「自分の能力を100%発揮できる体の状態」には大きな差がある**ということです。

「病気でない」とはあくまでも大前提の話であって、その上でコンディションを整えなければ、本当の意味で自分の力を十分に発揮することはできません。

せめて、本書を読んでいるあなたには「体のコンディションづくり」を強く意識してほしいと思います。

体というのは正直なので、正しいつき合い方を知りさえすれば、それだけ状態をよくすることができます。「イマイチ調子が悪いなあ」「疲れが抜けないな」「集中力が上がらない」「どうもやる気が出ない」「イライラして仕方がない」など、いわゆるコンディション不良のときには、必ず体の状態に何かしらの問題があります。

逆に言えば、体を正しくメンテナンスする方法を知れば、これらの問題は解消、あるいは軽減できるということです。

42 一杯の水で体をリセット

今日は朝からなんとなく疲れていて、やる気が起きない。

体のスイッチが入らない感じがして、どうしてもダラダラしてしまう。

誰にでもそんな日がときどきはあると思います。そんな日が1週間も続くようなら何らかの疾患の可能性があるのですぐに病院へ行くべきですが、1日、2日なら日常的に起こり得ることです。

体のしくみで言うと、交感神経がうまく上がってこないため、**体がどうしても「休息モード」から「活動モード」に入っていかない状況**です。

そんなときには軽い運動をするのが一番ですが、「疲れて、ダルい状態」のときに体を動かそうという気にはなかなかなれないでしょう。

そこでまずやってほしいのは、一杯の水を飲むこと。

体全体の状態を司っている自律神経は、腸の働きと密接につながっています。そして、腸はちょっとした刺激にも反応しやすい臓器なので、そこを動かすことが肝心。

そのために一杯の水を飲む。**水を飲むことで腸が反応し、自律神経の動きがよくなり、体にスイッチが入ってきます。**

朝起きたときはもちろん、仕事中で「集中力が落ちてきたな」「なんだかダルいなあ」と感じたときは、いったん席を離れて、水を飲むようにしてください。

目安として一日あたり1〜1・5リットルの水をこまめに飲む。これで自律神経はかなり整ってきます。

その際、ただ水を飲むのではなく、**体全体に水分が行き渡るイメージを持ちつつ、意識して水を飲むことが大事**です。

「意識するだけで違いがあるの?」と懐疑的な人もいるでしょうが、それだけで自律神経に違いが出ることは実験のデータでも証明されています。自律神経というのはそのくらいちょっとしたことで変化するものなのです。

43 調子が戻らないときは尿の色をチェック

前の項目で「とりあえず水を飲む」という方法をお伝えしましたが、お酒を飲んだ翌日は特に脱水になりやすく、体が水分を求めています。

ちょっとでもダルいな、体が重いなと感じたときは、まずは**尿の出方と色をチェック**してください。

体が脱水状態のとき、尿はほとんど出ません。そもそも体に水分が不足しているのですから、さらに水分を排出しようとはしないのです。

体がダルい日、なかなか調子が戻らないときには「今日って、尿の回数は大丈夫かな?」と思い返してみてください。おそらく尿の回数が減っているはずです。

そして、トイレへ行って尿をしたときには必ず色をチェックします。

体調が悪く、脱水気味のときには濃い色の尿が出ます。濃い黄色だったり、どす黒くなっている状態です。

そんなときには、とにかくたくさん水を飲んでください。

水を飲んでは、トイレへ行って尿を排出する。それを意識的に繰り返していれば、だんだんと尿の色は薄くなり、最後はほとんど透明の尿が出ます。

その状態になれば、かなり体の不調は治まっているはずです。

ついでに言うと、お酒を飲んでいるとき、すでに脱水は始まっているのでお酒と同じ量の水を飲むことをオススメします。

自分の許容量以上のお酒を飲むと気持ち悪くなりますが、その要因のひとつは脱水です。脱水によって血圧が下がり、胃腸の働きも悪くなっているので、胃酸が必要以上に多く出て、気持ち悪くなるのです。

お酒を飲むとき、体調がすぐれないときには、意識的にたくさん水を飲む。簡単なことなので、ぜひ覚えておいてください。

44 気分が乗ってこないときは手足を動かす

会社に来て「さあ、仕事をしよう」と思っても、なかなか気分が乗ってこない。そんな日があるでしょう。

こんな場合、たいていの人は「やる気を出そう」「気持ちを切り替えよう」などメンタルの部分で何とかしようとするものですが、医者の立場から言えば、それはまるで科学的ではありません。

気分が乗らないとき、集中力が散漫になっているときに一番大事なのは「動くこと」。本当は散歩にでも行くのが一番いいのですが、さすがに就業時間に散歩へ行くわけにはいかないでしょう。

そこでオススメなのが、何でもいいので手を動かす作業をすること。

「パソコン上の数字をチェックする」といった種類の仕事ではなく、**紙の資料を揃える、封入作業をする、引き出しやキャビネットを整理するなど、手を動かす（体を動かす）作業**なら何でも構いません。

私の場合、調子がイマイチで気分が乗ってこないときには「片づけ」しかしていないと言っても過言ではありません。

雑誌や書籍を揃えたり、放置していた領収書を整理したり、不要な書類・手紙を捨てて、必要なものをファイリングしたり、何も考えず、黙々と片づけ作業をします。

だから**私のデスク回りは、調子が悪いときほど整然としています。**

じつはこれが大事な点で、調子がいいときは多少周囲が散らかっていても集中力は落ちませんが、気分がイマイチなときほど、ちょっとしたことが気になって、すぐに「ああ～やる気が出ない！」という気持ちになります。

そんな際には思い切って仕事をやめて、片づけ作業に入ってしまえばいいのです。

結果として、そのほうがコンディションが整い、次の仕事への集中力も高まります。

45 座っている時間が長い人ほど早死にする

アメリカのガン協会が発表したデータによると、一日に6時間以上座って過ごす人と、3時間未満の人を比べると、より長く座っているグループは男性で18％、女性で37％死亡のリスクが高まることがわかっています。

これはまさに自律神経にも該当することで、**長時間座り続けていると、それだけで血流は悪くなり、脳を始めとする体全体に十分な栄養素が行き渡らなくなります。**その結果、集中力が落ち、ぼお～っとしてくるわけです。

「長生きするため」というのももちろんですが、自らのコンディションを整え、常に高いパフォーマンスを発揮するためにも小まめに動くことはとても重要。

1時間に一度席を立って休憩する。理想を言えば、少しだけ外に出て、空を見上げて簡単なストレッチをする。その際、しっかり深呼吸をして、水を一杯飲めば、自律神経のリセットとしては完璧です。

そうやって常に体のコンディションを整える意識を持っていれば、確実に仕事のクオリティは上がります。

いちいち外に出て休憩することができない人は、**さまざまな作業をする際に、小まめに立ち上がり、動くことを習慣にしてください。**

一番よくないのが、自分で動かず、何でも人にやってもらう人。

資料をプリントアウトした場合には、プリンターの近くの人に持ってきてもらい、必要なものがあったら「○○さん、アレ持ってきて」と人に言ってしまう人。

一日のうち、席を立つのは昼食時とトイレのときだけ。まさに最悪です。

立場が上になってくるとこんなタイプも増えてきますが、それでは自身のコンディションを崩し、パフォーマンスは下がる一方だということをしっかりと理解するべきです。おまけに早死にするのですから、いいことはひとつもありません。

46

温度差に敏感になる

自律神経というのは温度差に非常に弱いものです。温かいところから急に寒いところへ出たり、その逆のケースなど、激しい温度差があるとすぐに自律神経は乱れます。

たとえば、夏の暑い日にクーラーのガンガンにきいた室内に入ったとします。入った瞬間は気持ちいいのですが、じつは自律神経は乱れ、体のコンディションは悪くなっています。

そういうときには、汗が引いて体が冷え始める前に長袖のシャツを羽織るなど温度差に対するケアが必要です。

あるいは冬場、「近くの定食屋へ昼食を食べに行こう」「すぐそこのコンビニにちょっと買い物を」という場合にコートを着ていない人をよく見かけます。薄いスーツ姿で、背中を丸め「寒い、寒い」とブルブル震えながら、足早に移動しているのです。

たしかに、外にいる時間はわずかなので「ちょっとくらい我慢すればいいや」と思っているのでしょうが、これが意外な落とし穴。

外にいるのは3～4分でも、一度乱れた自律神経は3～4時間戻りません。

昼食時に一度自律神経を乱してしまったら、その日の午後はほぼコンディションを崩した状態のまま仕事をすることを忘れないでください。

コートを着たり、シャツを羽織るなど、特に男性は「面倒だな」と感じることも多いでしょう。でも、そのちょっとした気遣いで体の状態はあきらかに変わってきます。

職場によって環境はさまざまでしょうが、自分ができる範囲で、体に負担がかからない工夫をすることはとても大切。

「暑いな」「寒いな」と感じている時点で、コンディションは崩れ、集中力は大幅に低下していると思ってください。

47 通勤時に汗をかかない工夫をする

前の項目の「温度差に注意する」ことも深く関連しているのですが、「通勤時に汗をかかないようにする」のもとても大事な意識です。

朝、多くの人が混雑した電車に乗って通勤していると思いますが、「通勤時のストレス」だけでもかなり自律神経を乱しています。わざわざコンディションを崩しながら会社へ行き、それから仕事を始めているようなものです。

とはいえ、「朝のラッシュを避けろ」と言われても困ってしまうでしょうから、せめて少しでも快適になるよう「汗をかかない工夫をすること」をオススメします。

たとえば冬の場合、外は寒いのですが、電車の中は異常に暑い。

そんなときはコートの中はTシャツのみで通勤するのもひとつの方法。家から最寄りの駅までと、駅から会社までの距離がそれほど長くないのであれば、試してみる価値アリです。

Tシャツのみは大げさだとしても、薄手のものを中に着るとか、**体を締めつけないカジュアルな格好で出勤し、会社でシャツに着替え、ネクタイを締める**という方法もあります。

多少面倒ではありますが、そのちょっとした手間のおかげで、体のコンディションが整い、仕事のクオリティが上がるなら、絶対にやるべきです。

そのほか、**荷物が重すぎるというのも気になる要素**です。「持ち物を最適化する」という話は先に触れましたが、荷物が重いだけで当然体は疲労しますし、かなりのストレスがかかっています。

最近はペーパーレス化が進んでいますから、書類を減らすのは比較的容易ではないでしょうか。その一方で、パソコン、タブレット、それに付随する充電器、コードなどを持ち歩いている人も多いようなので、ぜひ一度持ち物を見直してみてください。

48

通勤時こそ「ゆっくり、リズミカル」に歩く

朝の通勤時、電車の乗り換えの際、猛然とダッシュする人をときどき見かけます。「予定の電車に乗り遅れないようにする」というのはもちろんわかりますが、「それならなぜ5分早く家を出ないのだろう」と思います。

こんなことを言うと、「朝は5分でも長く寝ていたいんです」「電車の乗り換えの都合上、ここで走らないと次の電車が10分以上ないんです」など、さまざまな反論が返ってくるでしょう。

たしかに、事情はわかります。

しかし、通勤時にダッシュする（慌てる、焦る）ことで一気に自律神経を乱し、仕事に向かうコンディションを悪くしていることをもっと問題視してほしいと私は思い

ます。

会社に着いたとき、できるだけベストなコンディションで仕事を始めるには、通勤時にはゆっくり、リズミカルに歩くことが一番。

ゆっくり歩くことで汗をかかずに済みますし、「ゆっくり」を意識することで呼吸も深くなり、それだけ自律神経が整います。

そして「リズミカルである」というのも、適度に副交感神経を高め、落ち着いた状態で、集中力を高めてくれる効果があります。

通勤時にいつも急いでいる人は、1本だけ早い電車に乗って**「家から駅まで」「乗り換え時」「駅から会社まで」の3つの区間**でゆっくりリズミカルに歩くことを試してみてください。

それだけで仕事を開始するときのコンディションは決定的に整います。

朝5分長く寝るのもいいですが、コンディショニングの見地からすると、このほうがはるかに高い効果が得られます。

49 睡眠の質を高める3つの要素

体のコンディションを整える上で、睡眠はもっとも大事な要素と言えます。

睡眠不足だと翌日頭がぼんやりしてうまく働かない。誰にでも経験があると思います。睡眠不足によって自律神経の乱れが起こっている証拠です。

自律神経には日内変化があって、夜は交感神経が下がり、副交感神経が高まることで体が休息モードになり、徐々に睡眠に入っていきます。

ところが、肝心の睡眠が十分でないと、交感神経が高まったままの状態で、副交感神経がしっかり高まることができません。

すなわち、副交感神経が極端に低い状態が続いてしまうのです。

そのまま朝を迎えると、今度は交感神経優位の時間が始まるのですが、前日の夜にしっかりと高まることができなかった副交感神経は極端に低い状態で一日を迎えます。

こうした自律神経の乱れによって血流が悪くなり、頭に十分な酸素や栄養が送られなくなってしまいます。

そこで睡眠の質を高めるために、次の3要素をぜひ意識してほしいと思います。

1. 夕食は寝る3時間前に済ませておく

2. 寝る前2時間はスマホやPC、テレビは観ない

3. 必ずお風呂に入り、2時間前にはお風呂から出ておく

お風呂の入り方は次の項目でも詳しく触れますが、とにかくこの3つを日々意識しておくと睡眠の質はよくなります。寝る直前までスマホを見ている人は、それだけで睡眠の質を下げていることを理解してください。

3つに共通しているのは、夜の時間はできるだけゆったり過ごし、副交感神経を高める生活習慣を身につけるということです。

50
入浴法。お湯は39度、全身浴5分＋半身浴10分

体の状態を整えるためにも、一日の疲れをリセットするためにも、夜にお風呂に入るのはとても大事です。**シャワーで済ますのではなく、湯船につかるのは不可欠だと思ってください。**

しかし、多くの人が「コンディションを整えるための正しい入浴法」を知りません。ただただ熱い風呂に入ったり、まるで我慢大会のように長く湯船につかるなど、間違った方法を実践している人も大勢います。

この機会に、ぜひとも正しい入浴法を知ってほしいと思います。

まず、お湯の温度は39～40度のややぬるめにします。そのお湯を肩から全身にかけてから、ゆっくり湯船に入ります。

すでに述べた通り、自律神経は温度の変化に弱いので「ぬるめのお湯」で「体を慣らしてから入る」という部分がポイントです。

そして、最初は全身浴を5分。首には自律神経を司るセンサーがたくさんあるので、首までつかってじっくり温めると、それだけ体の状態は整ってきます。

次に、半身浴を10分やります。

よく「半身浴をやると、お風呂を出たあとでも冷めにくい」という話を聞くと思います。それは真実で、下半身をしっかり温めることは特にオススメです。

ただし、あまり長く入りすぎると、せっかくリラックスした体が再び興奮して、交感神経が上がってくるので、半身浴も10分で終えることが大事です。

半身浴は体全体が温まっている割に、全身浴のようなお風呂から出た際の「冷え」を感じることが少ないので、温度差の影響を受けずに済みます。

「5分の全身浴、10分の半身浴」という時間については、個人の好みで少なくしても問題ないので、自分の体に合う最適な時間を探してみてください。

51

朝シャワーの効果は目覚めだけ

朝、シャワーを浴びるのが日課という人も多いと思います。

前の項目でも話した通り、「朝シャワーを浴びる」か「夜、湯船につかるか」という二者択一であれば、あきらかに後者を選択してほしいと思います。

そもそも**朝のシャワーにはコンディションを整える効果はあまり期待できないから**です。

もちろん、朝のシャワーには「目覚めをよくする」という効果はあります。

もともと、人間の体は夜寝ている間は副交感神経が優位で、いわば「休息モード」に入っています。そして、朝起きると、徐々に交感神経が高まって「活動モード」に切り替わっていきます。

ところが、疲れが抜けない、なんとなくダルいというときには、交感神経が思うように上昇せず、いつまでも「活動モード」に入っていけません。ひと言で言えば「**目覚めが悪い状態**」です。

そんなときにシャワーを浴びて、交感神経を高め、一気にスイッチを入れることは、たしかに効果的です。

ただし、注意してほしい点があります。

朝のシャワーが効果的なのは、あくまでも「体調はいいけれど、目覚めがイマイチ悪い」ときに限る、ということです。

「お腹や胸のあたりにむかつきがある」「少し頭痛がする」「やや寒気がする」「体の節々が痛い」など、いわゆる**不調の症状が感じられるときはシャワーはNG**。むしろ、症状を悪化させてしまいます。

冬場にはシャワーを浴びたあとに風邪をひくリスクも高いので「朝のシャワーを習慣にしている」という人は、その効果と注意点を十分に理解した上で、うまく取り入れてください。

52

週一日は睡眠の日をつくる

コンディションを整える上で睡眠はとても大事という話はすでにしました。

睡眠時間が短かったり、睡眠の質が悪いと、副交感神経がしっかり高まらないために、疲れが抜けず、ぐったりとした状態になります。

翌日は、交感神経だけが異常に高まった状態で朝を迎えるので、過剰にドキドキしたり、緊張したり、イライラしてしまったりするのです。

忙しいビジネスパーソンは慢性的に寝不足の人も多いですが、睡眠が十分でなければコンディションは悪くなり、仕事のパフォーマンスは絶対に落ちます。

そう考えると、**睡眠も仕事のうち**なのです。

7時間程度の睡眠を毎日とることが理想ですが、毎日が無理な人は、せめて週に一日（できれば平日）「睡眠の日」を設けてください。

その日は残業もせず、飲みにも行かず、早く家に帰って、ゆっくりとお風呂に入り、いつまでもテレビを観たり、スマホを操作したりせず、さっさと寝る準備を整える。

そうやって「睡眠の日」を意識的につくることで、体の状態は確実にリセットされます。**悪い流れをリセットして、いい流れをスタートさせる**のも、コンディショニングにおいて大事なアプローチです。

休日に「睡眠の日」をつくるならば、昼のうちから「睡眠のための過ごし方」を意識するくらいでいいと思います。

眠るときにはメラトニンというホルモンが重要で、メラトニンをつくるにはセロトニンというホルモンが必要となります。

セロトニンは適度な運動で生まれることがわかっているので、**休日の昼間にウォーキングをしてセロトニンを体内に蓄積**しておくのです。あまり激しい運動にならない程度のスピードで、リズミカルに歩く。確実に自律神経が整い、**その日の夜の睡眠の質が変わってきます。**

53

リモートワークの合間に5分だけ「体育の時間」を入れる

リモートワークが多くなって一番の問題は「動かなくなること」。

通勤して、オフィスで仕事をしているだけでも、じつはけっこうな運動量になっています。駅まで歩く、駅の階段、職場でも会議室へ移動したり、人と会うためにちょっとした移動をするなど、案外動き回っているものです。

しかし、リモートワークになると、これがごっそりなくなります。

そこでオススメしたいのが、一日のスケジュールの中に「体育の時間」を設けることです。それも30分、1時間たっぷりやるのではなく、**「5分の運動」を一日に3～4回ほど、予定として組み入れてしまう**のです。

リモートワークの場合、こうしたちょっとした時間の使い方は、むしろ融通がきくはずです。

その5分で何をやるか。ここでオススメがふたつあります。

まずひとつ目が**「ひとつだけストレッチ」**です。

肩甲骨を伸ばすなら、そのストレッチだけ。ふくらはぎや股関節を伸ばすなら、それひとつだけを丁寧にやる。ここがポイントです。

一日に4回やるなら、4つの箇所がストレッチできれば、それでOKです。

ストレッチというと、身体中のあちこちを伸ばそうとする人がいますが、ここで提案している「5分の体育の時間」では、その必要はまったくありません。

いろんなストレッチをやろうとすると、どうしても雑になりますし、そもそも時間がかかってしまいます。

あくまでも「スキマ時間」に体を動かす習慣を取り入れるのが大事なので、**時間がかかるのはダメ**です。その習慣そのものをやめてしまうことにもなります。

だから、とにかくひとつだけ。ここが大事なポイントです。

54 「体育の時間」のスクワットはゆっくりと10回だけ

スキマ時間に体を動かす「体育の時間」のふたつ目のオススメは、**「ゆっくりと10回だけスクワットをする」**こと。これを「ひとつだけストレッチ」のあとに行います。

まず、体をゆっくりと沈めていって、太ももに「負荷がかかってるな」というところにきたら、またゆっくりと戻していきます。個人の体力、筋力にもよりますが、基本的にそれ以上、深く沈める必要はありません。

深く沈めて、**強い負荷をかけるよりも、ゆっくり、丁寧にやることのほうがはるかに重要です**。その「ゆっくりとしたスクワット」を10回だけやります。

時間にしたら数分ですが、これはけっこう効果があります。一日に4回「5分の体育の時間」を設けるとしたら、40回のスクワットができますよね。

本当にちょっとしたことですが、これを毎日続けるだけでも運動不足の解消になります。

じつは、高齢でなかなか運動ができなくなった人でも、そもそも上半身の筋肉は衰えにくいですし、下半身でも、膝より下はそんなに細くなりません。

運動をしなくなることで、顕著に変化が現れるのは大腿筋なのです。

過去にスポーツをしていた人でも、運動不足の日々が続くと階段を登るのがつらくなってくるでしょう。これは大腿筋が衰えているからです。

あきらかな運動不足によって大腿筋が衰えると、自分の体を支えられなくなり、転倒や転落の事故にもつながります。要するに、**ふんばりが利かない**のです。

実際にコロナ禍で、病院でも転倒、転落の事故は増えています。

リモートワークの合間に5分、体育の時間を取り入れる。

運動不足の解消になるのはもちろん、ゆっくり、丁寧にストレッチとスクワットをやれば、自ずと**呼吸も深くなり、リフレッシュにも、自律神経を整えるのにも役立ちます。**

55 運動で内臓のコンディションを整える

前項で運動の大切さを説明しましたが、じつは、運動は内臓のコンディショニングにも好影響を及ぼします。

新型コロナウイルスの問題が発生して以降、外来患者さんの訴えで多いのは、頭痛、めまい、食欲不振、疲労など、いわゆる不定愁訴《ふていしゅうそ》と呼ばれる症状。

こうした症状は、血液検査をしても異常が見つからないことが多いのですが、自律神経を測ってみると、**活性力（トータルパワー）**が極端に落ちていることがわかります。「トータルパワー」とは、言わば自律神経の総合力。交感神経と副交感神経を上手に切り替え、自律神経のバランスを整える力です。

この「トータルパワー」を高めるには、とにかく「動く」こと。**体を休ませるより、**

動かすことで血流を促す。すると疲れが取れやすくなったり、内臓の調子もよくなっていきます。

いい効果はそれだけではありません。「脳腸相関《のうちょうそうかん》」という言葉をご存じでしょうか。**「腸」が活性化すると「脳」にもいい影響**を与えるということです。

これまで腸と脳との関連性は明確ではありませんでしたが、慶應義塾大学のグループの研究により「腸の情報はすべて肝臓に集まり、迷走神経（内臓機能を左右する、脳から腸まで届く唯一の神経。大部分が副交感神経の繊維でできている）を通じて肝臓から脳へ伝達する」ことがあきらかになりました。

運動は筋力アップだけでなく、内臓のコンディションを整え、さらには脳の働きにもいい影響を及ぼします。

家にこもる時間が増え、コロナで鬱々としている。

そんな人こそ、前述した「体育の時間」にプラスして「動く習慣」を取り入れてみてはいかがでしょうか。休日は時間を決めて歩くなど、意識的に外に出て、体を動かす。腸も、脳もコンディションがよくなって、心と体が軽くなります。

第 5 章

食べ物と食べ方を少しだけ変える

食の整え方

56 朝食で正しい体のサイクルをつくる

コンディションを整えて一日を過ごすためには、朝食を食べることは必須です。エネルギー補給の意味合いもありますが、何より、**朝食を食べることで時計遺伝子のスイッチを押す**。そんな意識を持ってください。

時計遺伝子とは、いわゆる体内時計と言われるもので、一日の流れを司っています。自律神経は、朝起きると副交感神経優位から交感神経優位へと移り、夜はゆっくりと副交感神経優位へと戻り、眠りへと向かっていきます。

そんな一日の正しい体のサイクルをつくるためにも朝食は大切です。

メニューのイメージは**「質素な旅館の朝ご飯」**。これに尽きます。

ご飯はお茶碗に半分から7分目くらい。それにタマゴ、ハムエッグ、魚などのうちどれかひとつがあれば十分。加えて、一般的な納豆パックで言えば、3分の2くらい。それに海苔があって、みそ汁がつけば完璧です。

まさに「質素な旅館の朝ご飯」ではないでしょうか。

量としては、**満腹に対して6～7分目**くらい。そんなイメージを持っていると胃腸に負担をかけることなく、しっかりと時計遺伝子のスイッチを入れ、一日をスタートするためのエネルギー源としても最適です。

朝は何かと忙しい人が多いでしょうが、朝食をとったあと、20～30分くらいかけてゆっくりお茶を飲めたら、言うことはありません。

早い人だと、朝食は5分くらいで食べ終えてしまうでしょう。しかし、その**バタバタとした勢いのまま活動を始めると、交感神経が急激に上がり、スムーズに一日をスタートさせることができません。**

質素な朝食をしっかり食べて、ゆっくりお茶を飲む。

この習慣が身につけば、一日の始まりは決定的に違ってきます。

57 食事は「腹6分目」を基本とする

食事の基本は「腹6～7分目」。これを当たり前の習慣として続けるだけで、コンディションは決定的に違ってきます。

最大の目的は**消化管に負担をかけない**ことです。

消化管とは、口から始まって食道、胃、小腸、大腸、そして肛門に到る「消化」をするための「管」のことです。

当然、自律神経がこうした器官を司っているのですが、満腹まで食事をすると消化管に大きな負担がかかります。食後に頭がぼんやりするのは、消化管の働きに血流が集まり、その他の器官を十分に働かせることができていないからです。

コンディションづくりの基本として覚えておいてほしいのですが、そもそも「体の

「一部に過剰な負担をかける」のはタブー。

食べすぎれば消化管に過剰な負担がかかりますし、長時間パソコンやスマホに向かえば、目に過剰な負担がかかります。

大事なのは、**一部の器官に100のテンションをかけないこと**。食事も、仕事も、生活も「特定の器官」にテンションがかかりすぎないように気を遣う――大事なコンディショニング意識です。

ちなみに、脳は起きている限り使い続けたほうがいいのですが、脳の使い方にはちょっと工夫が必要です。

パソコンで仕事をずっとしていたら、たとえば音楽を聴くことで、脳の使い方を少し変える。リフレッシュできる香りを嗅ぐとか、外に出て新鮮な空気を吸って、違った風景を眺めるなど、脳の使い方を変えることが大切です。

いずれにしても、同じ器官に過度な負担をかけないこと。そのひとつが「腹6〜7分目」なのです。

58

一日を逆算して食べる

コンディションを整えるために「暴飲暴食はしない」は基本中の基本。

とはいえ、パーティでコース料理を食べなければいけないとか、焼き肉に誘われていて「食べないわけにはいかない」ということもあるでしょう。

体のコンディションを整えるといっても、一流のスポーツ選手がオリンピックの競技前にするような、徹底した食事管理をする必要はありません。そもそも、そんなことは無理です。

そこで、少しだけ気を配ってほしいのが「一日を逆算して食べる」ということ。

「今夜は食事会へ行く」「友達と焼き肉の約束がある」というときには、ランチは少し軽めにして、夕食に備えるという意識です。

また、飲み会へ行くときには、自分の体の状態を確認しながら「今日は、お酒はこのくらいに留めておこう」と決めておくことも大事です。

要するに、**コンディションづくりの基本は計画性。**

行き当たりばったりで、その場の流れに任せてばかりいると、どうしても食べすぎ、飲みすぎになり、翌朝に後悔するのです。

ここで大事なのは、**必ず「その日に清算する」**という部分。

「飲みすぎ、食べすぎたから、翌日の朝食は抜こう」というのは意味が違います。それはただ気持ち悪くて、食欲がないだけです。

「食べすぎた翌日に調整する」のも、しないよりはしたほうがいいのですが、大事なのは「その一日で調整できるよう、逆算して食べる」という意識です。

若いうちはある程度無理をしても特に問題ありませんが、**30代、40代になってきたら自律神経はより乱れやすくなってくる**ので、食事にも少しずつ気を配っていきたいところです。

59 コンビニ食ではスープと納豆を合わせ買いする

コンビニで一食分を済ませてしまう。

人によってはそんな機会も多いと思います。特に昼食は「ほぼ毎日コンビニ食」という人もいるでしょう。

コンビニで食べ物を買うときのポイントは、とにかく**量を買いすぎないこと**。「食事は腹6〜7分目」にも共通しますが、コンビニだとどうしても少し買いすぎてしまうのです。

たとえば、お弁当を買っているのに「ちょっと足りないかも」と思っておにぎりやパンを追加してしまう。あるいは、レジ横に並んでいる甘いものをプラスしてしまう。よくあるパターンではないでしょうか。

最近では、カップラーメンやカップ焼きそばなどでも超大盛りが出ていて、買っている人も見かけますが、正直、あまりオススメできません。

コンビニで買うときは「ちょっと少ないかな」を目指してください。

もう一段上の「コンビニ食の達人」になるなら、**スープ類と発酵食品を入れるといいでしょう。**

大きなお弁当にパンを追加するくらいなら、少し小さめのお弁当やおにぎり、サンドイッチにして、スープを足す。みそ汁でも、野菜スープでも、コンビニにはカップのスープ類が充実しているので、それをひとつプラスするのは本当にオススメです。体が温まりますし、スープでの満足感も得られます。

さらにヨーグルトや納豆など発酵食品をちょっと加えられたら完璧です。

ささいなことですが、**コンビニでの買い方を変えるだけでも、食事の風景は変わります。**コンビニ食が多い人ほど、ぜひ取り入れてほしい習慣です。

60 糖質カットのダイエットは医学的にNG

ダイエット目的で糖質カットの食生活を送る人をときどき見かけますが、医学的な見地からはよろしいと言えません。

普段、ご飯やパンを食べすぎているなら、それを減らすのは悪いことではありません。腹6〜7分目が基本ですから、それ以上食べている人は減らすに越したことはないでしょう。

ただし、極端に糖質だけをカットして、体重を落とそうというのは体に負担がかかるものです。

そもそも**人間の体には糖、脂質、タンパク質は必要不可欠**です。そうした栄養素をバランスよく摂取することで、人間は**健康体を維持**できるようになっているのです。

たとえば、糖を極端に減らすと、体の中ではその代替品となるものを使って、不足する栄養素を補おうとします。

しかし、それは体のどこかに負担をかけていることにほかなりません。**実際には肝臓や脳に負担がかかる**ことが研究でもわかっています。

また、糖質を極端に制限するダイエットではリバウンドもしやすくなりますし、逆に脂肪肝になるとの報告もあります。

いずれにしても、極端にバランスを欠くダイエット法が体にいいわけがないのです。

ダイエットをしたいなら「これを食べない」と極端にするのではなく、生活習慣そのものを見直すほうがより効果的で、健康的です。

ひとつ提案するなら、とにかく**「早く寝て、早く起きる習慣」**をつけること。これが一番理にかなっていてオススメです。

寝る3時間前には夕食を済ませ、その食事も腹6分目。それで早朝から起きて、日中は活動的に動く。そんな生活をしていれば、誰だって健康的に減量できます。

61 野菜は「捨てるところ」こそ食べる

健康的な食事には野菜は欠かせません。野菜をしっかり食べるのは基本中の基本ですが、ここではもう一段レベルを上げて「捨てるところ」こそ食べる。

こんな食事をオススメします。

これは食通で名高い小山薫堂さんに教えてもらったのですが、**大根の葉とか、ニンジンの皮など、一般的には捨ててしまうところにこそ栄養が豊富に含まれているの**で、それをも食べる。そんな食生活をぜひ取り入れてみてください。

普通の調理では食べにくいものでも、他の野菜、果物、ハチミツなどと一緒にミキサーに入れてスムージーにしたり、ちょっと硬い部分でも茹でたり、天ぷらにするとおいしく食べられます。

あとは、ミキサーで粉々にしたものをカレーに入れる方法もあるでしょう。いろいろ工夫をしてみると、案外楽しくて、野菜の捨てるところは極端に減ってきます。

栄養面だけでなく、野菜のちょっと硬い部分を食べるときは、どうしてもよく噛んで食べると思います。

「よく噛む」というのは自律神経を整える効果があって、ゆっくりとウォーキングをしているのと同じような効果があります。よく噛むことで、顔の筋肉がゆるみ、表情も柔らかになります。つくり笑顔でもいいから、**表情が優しくなると、自律神経自体も整ってくる**ことは実験でも証明されています。

また、よく噛むことを意識していると、必然的に**「食べることに集中」**するようになります。いわゆる「ながら食い」ではなく、食べるという行為にしっかり向き合う。まさにマインドフルネスの効果も期待できるのです。

たかが食事と言わず、ちょっとした意識をするだけで、さまざまなコンディショニング効果が得られるのです。

62 「どうでもいい飲み会」では禁酒する

飲み会や食事会の中には、どうしても参加しなければならないものもあるでしょう。少人数で、会話を十分に楽しめるようなものはいいのですが、できれば参加したくはないけれど、そういうわけにもいかない会。誰にでもあるのではないでしょうか。

そうした**「どうでもいい飲み会」ではアルコールは飲まない。**

そう決めておくことをオススメします。

参加すること自体は避けられないので、その時間はあきらめます。

ただ、そんな時間でわざわざ健康を害するのはもったいない話でしょう。実際、私もそういった飲み会、食事会ではアルコールは一切飲みません。ウーロン茶でも飲みながら、必要な会話をして帰るだけです。

そこでの食事は、**食べてもせいぜい腹5分目。**できるだけ手をつけないくらいの意識でいます。

いわゆる「居酒屋メニュー」で、お腹を満たすことがそもそもナンセンスですし、初めから「おつき合い」で参加しているのですから、形だけ口にする。そんなレベルで十分です。

といって、シメのご飯やラーメンを食べるのはもってのほか。

私の考え方は「どうでもいい飲み会」のある日は、食事を少なめにして、アルコールも飲まないので**「痩せられる日」「お得な日」**というイメージです。

普段の生活でもそうですが、年末年始など「抜けられない飲み会」が多い時期には特に意識してください。

ちなみに、私は結婚披露宴に出席しても、料理は半分しか食べません。まったく手をつけないわけにはいきませんから、半分だけ食べると最初から決めています。そうやって決めていれば、苦もなくコンディションを維持できるようになります。

63 ヨーグルトは種類を変えて「腸内の多様性」を高める

腸内環境を整えるのにヨーグルトがいい。

これは以前から言われていることですが、最近の研究では、同じ種類のヨーグルトを食べ続けるのではなく、**ときどき種類を変えて、いろいろな菌を腸内に入れること**が大事だと発表されています。

かつては「自分に合ったヨーグルトを探す」「自分に合った菌を選ぶ」というやり方が主流でしたが、研究が進んでいくにつれて、**腸内の菌の多様性は腸内環境のよさと比例する**——そんな結果が出てきています。

市販のヨーグルトにもさまざまな種類があるので、食べることでお腹の調子が悪くなるようなものを無理に食べる必要はありません。ただ、いつも同じメーカーの同じ銘柄を食べるのではなく、2、3週間経ったら別のヨーグルトもぜひ試してみてください。

食べ方としては、**一日100~200グラム**を食べるのが最適。

砂糖の入っていないプレーンなものに、整腸作用のあるハチミツをかけて食べるのがオススメです。そのほか、バナナやリンゴなどと一緒に食べるのもいいでしょう。

「朝の果物は金、昼は銀、夜は銅」という言葉もあります。朝は腸がストレスを受けていない時間帯なので吸収がよい、という解釈もできそうです。

朝ご飯は「質素な旅館の朝ご飯がいい」と先に述べましたが、それにハチミツと果物が入ったヨーグルトを食べれば、腸内環境にとってはベスト。

そもそも発酵食品は腸内環境を整える役割を持っているので、**納豆やみそ、ヨーグルトは積極的に摂取**することがコンディションを整える一助になります。

64 一日2杯ブラックコーヒーを飲む

コーヒーが健康に寄与することは、さまざまな研究で証明されています。

最近ではパーキンソン病や認知症、高脂血症の予防になるとの論文も発表されていますし、ハーバード大学の研究によれば、**セロトニンやドーパミンの分泌量を増やし、抗うつ効果**があることもわかっています。

血管を拡張させたり、抗酸化作用があるなど、血流にいい影響を及ぼすことも多くの研究から証明され、カフェインやポリフェノールが健康を促進することは広く知られています。

だからといって、たくさん飲めばいいわけではなく、**目安としては一日2～4杯程度**。それも**ホットで、ブラックで飲む**ことをオススメします。

砂糖やクリームを入れると余計なものを摂取してしまうので、基本はブラック。

さらに、温かい飲み物は腸を温める効果もあります。

寒い冬ならホットで飲むのが当たり前でしょうが、できれば夏場でもホットで飲むほうがいいでしょう。

夏は冷たい飲み物を大量に摂取しがちで、じつは腸が冷えていることも多いのです。そんなところにアイスコーヒーを飲んだら、余計に冷えてしまい、コンディショニング効果としてはマイナス。ぜひホットを選んでください。

コーヒーは大腸の蠕動《ぜんどう》運動も刺激するので、腸を温めることができれば、一石二鳥で腸の活動をサポートできます。

リラックス効果も期待するなら、仕事に疲れた午後の時間に、15分から20分くらいかけてゆっくりとホットコーヒーを飲む。非常にいい習慣です。

コーヒーにはリラックス効果があると同時に、**カフェインによって交感神経が適度に刺激される**ので、その後の仕事のスイッチを入れる意味でも効果的です。

65 オリーブオイルや亜麻仁オイルで快便ライフ

コンディショニングにおいて快便はとても大切です。

私は自律神経の専門家として、便秘に悩む人にもさまざまなアドバイスをしているのですが、オリーブオイルや亜麻仁オイルを活用するのはとても簡単で効果的な方法です。

オリーブオイルや亜麻仁オイルは、そもそも腸内の潤滑油となって排便をスムーズに促してくれます。

私の場合、サラダを食べるときは、オリーブオイルとバルサミコ酢を混ぜたものをドレッシング代わりにしています。塩は入れなくても味は十分。バルサミコ酢に味がありますし、独特の酸味は、サラダだけでなく、パンにつけても合います。ちょっと変わったところでは、**マグロの刺身**もおいしく食べられます。普段とは違った味わいがあるので、ぜひ試してみてください。

スイーツとしてオリーブオイルをとるならば、**簡単焼きリンゴ**もオススメです。リンゴを半分に切って、芯をくり抜いたところにハチミツとオリーブオイルを小さじ1杯くらい入れ、アルミホイルで包んでオーブントースターで焼くだけです。

リンゴは水溶性食物繊維が豊富で、かつ加熱することでさらに量が増えますので、便秘解消にはもってこいのメニューです。

ちなみに、オリーブオイルにはオメガ9脂肪酸、オレイン酸が含まれていて、善玉コレステロールを増やし、悪玉コレステロールを減らす効果が期待できます。

一方、亜麻仁オイルにはオメガ3脂肪酸が豊富に含まれています。これは、動脈硬化や心臓疾患の予防効果、アレルギー症状の緩和に役立つとも言われています。

一日に、スプーン1杯の亜麻仁オイルを飲むのは健康にはとてもいい習慣です。

飲むタイミングはいつでもいいのですが、**寝る前に飲んでおくと、翌朝の快便にも役立ちます。**

第6章

今夜の振り返りが、スムーズな明日をつくる

行動パターンの整え方

66 最大のポイントは「朝」ではなく「前夜」にある

この章では「行動パターンの整え方」と題して、さまざまな習慣、行動、意識づけを変えていくための方法を提案します。

通常、一日の始まりは「朝」だと誰もが考えます。「朝の習慣を変えることで、行動を変える」のはじつに理にかなっているのですが、**医師の立場から言えば、もっと大事なことがあります。**

すでに述べた通り、朝起きた時点で自律神経が乱れていれば、その状態から「何かを変える」というのは非常に困難になってしまいます。たまたま気持ちよく起きられた朝なら「今日からこんなことをやろう!」「こんな習慣を始めよう!」とポジティブになれるかもしれませんが、朝の時点で「なんとなくダルい」「やる気が起きない」

という状態では、行動パターンを変えるどころではありません。

つまり、日常をリセットするなら夜。

それも**寝る前の習慣を変えるのがベストなアプローチ**なのです。

というわけで、夜の習慣についてさまざまな提案をしていくのですが、まずは「寝る前に落ち着く時間を持つ」ことをぜひ習慣づけてほしいと思います。

ゆっくり本を読むのでもいいですし、リラックスできる音楽を聴くというのもいいでしょう。極端に活動的なものでないなら、趣味の時間に充てるのでも構いません。

そんな**「落ち着いた時間」を30分くらいとる。**

ここでのポイントはあくまでも「寝るための準備」という考え方です。テレビを観たり、スマホをいじったり、ＳＮＳをチェックしたり、誰かと話すのではなく、ひとりで心穏やかな30分を過ごすことが何より大切です。

「行動を変える」と言うと、つい活動的な方向へ向かいがちですが、まずは夜、ゆったりとした時間を持つ。そんな習慣を持つことから始めてください。

67

一日を振り返り、「失敗」を「成功」に上書きする

「落ち着いた時間」を30分ほどとったら、その次は**「一日を振り返る時間」**をとります。5分か10分あれば十分です。

あまり真剣かつ深刻に振り返るのではなく、ぼんやりとした気持ちで構わないので**「今日は、こんなところがうまくいったな」「ここは失敗したな」**ということを穏やかな気持ちで思い出してください。

そして、ここが大事なポイントなのですが、「失敗したこと」については「こうすればよかった」「次回はこうしよう」という改善パターン、理想のパターンを少しだけリアルに思い描いてください。

以前、私はレストランで食事をしていた際、ワインがあまりにおいしかったので、

ウエイターがすすめるままに飲みすぎて、翌日コンディションを崩してしまったことがありました。

そんな日の夜は「あのとき3杯目のワインは断ればよかった」と失敗した場面を思い描きます。それと同時に、ワイングラスをそっと手でふさぎ「もうけっこうです」とウエイターに断っている「リアルな自分」をイメージします。

いわば、**記憶の上書き**です。

そこまでリアルに想像し、記憶を成功パターンに塗り替えておくと、次に同じような場面に遭遇した際、自分が理想とする行動パターンを引き出しやすくなります。

じつはこれが非常に大事。

この手法は**外科医の極意**でもあって、通常外科医は手術をする前に何回も頭の中でシミュレーションします。優秀な外科医ほど、終了した手術についてもしっかり振り返り「あのケースは、もっとこうすればよかった」とリアルなイメージの上書きをしておきます。行動の質を高める上で、非常に大事な習慣です。

68 一日一日を区切るために「日記」をつける

イメージの上書きのあと、**その日を振り返って日記をつけること**も、オススメできる習慣です。

そもそも、なぜ日記をつけるのか。

その日の出来事や思いを記録するという目的はもちろんあります。

しかし、私が自律神経の専門家として、日記を推奨するのは**「リセットする」**ためです。言い換えれば、**「一日一日を区切る」**ためです。

新型コロナウイルスの感染拡大により、特に日常に変化がなくなりました。

コロナ禍自体は未曾有の出来事で大きな変化ですが、それによって、人と会って食事をしたり、旅行へ行ったり、大勢が集まるイベントに参加するなど「日常とは少し違う時間」を過ごす機会が極端に減りました。

それだけでなく、リモートワークが新常態（ニューノーマル）となり、終日自宅で過ごしている人も多いでしょう。

そんな変化のない生活をしていると、どうしても日常がダラダラと続いてしまいます。

コンディショニングにおいてもっとも避けるべきが、この「なんとなく、ダラダラ続いている」という状況。

いい状態がずっと続くならいいのですが、さすがにそうはいきません。

一日中家にいたり、変化のない日常を過ごしていると、たいていの人はなんとなく気持ちが落ち込んだり、生活に張りを感じられなくなります。

そもそも古来、人間は外に出て狩猟をしたり、農作業をして生きてきた生き物ですから、**家の中でずっと過ごすこと自体、生理的にストレスとなります。**

だからこそ、「ダラダラとした日常」を続けるのではなく、意識的なリセットが必要です。その有力な方法が日記なのです。

69 「日記」を通して「きちんと今を生きる」

では、具体的にどんなふうに日記をつけるか。

「今日、何をしたのか」「どんなことがあったのか」という事実を書き連ねていく。ただそれだけでも構いません。

あるいは、そのときに「どんなふうに感じたのか」「今、どんな思いなのか」という感情を綴ってもいいでしょう。

やり方に決まりはありません。とにかく「ダラダラと続いてしまいがちな日常」にひとつの区切りを入れていきます。

「今日はこんな一日だった」「明日はこんな一日にしよう」——そう思えるだけで、日常がリセットされます。

コロナ禍で、特に私が言い続けているのは「きちんと、今を生きること」です。

「これからどうなってしまうんだろう」と漠たる不安に侵食されるのではなく、「今」という時間をきちんと意識して、丁寧に過ごす。これが非常に大切です。

毎日、日記を書いていれば、少なくとも「その日」を振り返ることになります。

フィジカルもメンタルも崩れがちな状況にあるときこそ、「丁寧に今を生きる」「日々をきちんと振り返る」意識はとても大切です。

余談ながら、私は自宅で「丁寧な暮らし」をするために、一枚の絵を飾ることにしました。

もともとは妻のクリニックにあったものなので、その絵の存在はもちろん知っていましたが、きちんと観たことがなかったのです。

それを家に持ち帰り、自分の部屋に飾りました。

折に触れてじっくりその絵を鑑賞していると、気持ちが落ち着き、元気が出ます。

これもひとつの「丁寧に生きる」ということです。

70 翌日のシミュレーションがロケットスタートを生む

一日を振り返り、失敗を「成功パターン」に塗り替え、一日に区切りをつける日記を書いたら、次はいよいよ**明日一日の流れをざっとシミュレーション**します。

あくまでも寝る前ですから、真剣かつ深刻に明日のことを考えるというよりは、明日一日の流れを頭の中に思い浮かべ、軽く想定しておくイメージです。

会社へ着いたら、まずどんな作業・仕事をしようか。

人と会う約束があるなら、何を準備して、どんなことをポイントに話をしようか。

昼食後のノンファンクションの時間には、あそこの片づけをしよう。

夕方には少し時間ができるので、あの仕事を処理してしまおう。

このように、一日の流れがざっくりとでもイメージされていれば、確実に「明日」

という日の充実度はアップします。

そして、最後に明日着る服を決めておきます。

ちょっとしたことですが、これが案外重要です。**前日のうちに決めておいた服を着るのは、一日を正しく始める儀式**でもあります。「準備された、予定通りの一日が正しく始まった」という感覚を持つことができれば、自律神経は整い、その日一日のクオリティが高まることは間違いありません。

服はおろか、その日に履いていく靴まで用意して「正しく一日を始めるための準備」をすることを私はとても大切にしています。

服や靴、その他の道具などがきちんと整理され、用意された状態で一日を始める。そんな場面をイメージしてみてください。非常に落ち着いた、いい精神状態でスタートできると思いませんか。

当日の朝、慌てて適当に選んだ服と、前日から用意された服を比べると、後者はあきらかに「**服そのものが喜んでいる**」と私は感じます。抽象的な話ですが、そんなポジティブな感覚を持って一日をスタートすることが、とても大事だと思っています。

71 「感謝」ほど自律神経が整うものはない

夜の習慣について、最後の最後にやってほしいのが「感謝する」です。

寝る直前、布団やベッドの上に正座して**「今日も一日ありがとうございました。明日もよろしくお願いします」**という感謝を心の中で唱えます。遠くに住んでいる親に感謝してもいいでしょうし、友人、同僚、先輩に感謝するのでも構いません。

感謝しているときというのは**気持ちがとても穏やかになります。**この状態こそ、コンディショニングにとても効果があるのです。

言うまでもなく、「感謝」とは人間的・道徳的にも大事なことです。

とはいえ、本書はコンディショニングの本なので、あえてその側面から話をすると、「今日も一日ありがとうございました」と心の中で唱えているとき、人は誰でも、ゆっくりとした、深い呼吸になっています。体の中では交感神経が徐々に下がり、副交感神経が高まってきて「休息モード」「睡眠モード」にスムーズに切り替わっていきます。その流れのまま眠りにつくのですから、睡眠の質が高くなるのも当然です。

体のコンディションを整えるという意味でも、ぜひ「感謝の習慣」を持つようにしてください。

最後に夜の習慣を整理しておくと、

まずは「落ち着いた時間を30分程度持つ」。

次に「一日を振り返り、失敗したことは『成功パターン』に上書きする」。

続いて「一日一日を区切るために日記をつける」。

さらに「明日一日をシミュレーションし、着る服を用意しておく」。

締めくくりに「布団の上で正座をして、感謝する」。

すべて合わせても45〜50分くらいの習慣です。これをやるのとやらないのとでは確実に翌日のクオリティは変わりますし、3年、5年、10年と積み重ねていれば、あなたの人生は間違いなくより価値あるものになっていきます。

72

ミスは必ずその場でメモ

夜の習慣で「失敗を成功パターンに上書きする」という方法を紹介しました。

そこで大事になってくるのが、その日の失敗を覚えておくことです。

しかし、人間の記憶はそこまで万能ではありませんから、一日のうちミスとして覚えておけるのはひとつかふたつ。それも「これはやってしまったなあ」「これは恥ずかしかった」など、インパクトの大きいミスしか覚えておけません。

すると、夜に振り返ろうとしても「あれ、なんかあったっけなあ」となかなか思い出せなくなり、そのうちに「一日を振り返る」という大事な習慣自体がなくなってしまいます。

そうならないために大事なのは、とにかくミスをその場でメモすること。

ここで言う**「ミス」とは、本当にささいなことも含みます。**

「取引先と打ち合わせ中にスマホが鳴った」というのはもちろん大きなミス。当然メモします。

そのほか「電子マネーで支払いをしようとしたら、お金が足りなかった」「朝、電車に乗り遅れて、乗り換えで走らなければならなかった」「同僚とのランチでしゃべりすぎた」「せっかく買い物へ行ったのに、必要なものをひとつ買い忘れた」など、どんなことでもいいので「これはちょっとミスかな」と思えることは徹底的にその場でメモします。

ちょっとしたミス（ほとんどが重大な問題に発展せず、終わってしまえばすぐに忘れてしまうようなもの）を書き留めておくことで、一日の最後に振り返ることができます。

じつは、この「ちょっとしたミス」を「次回はこんな行動パターンに変えよう」と上書きすることで、あなたの行動のクオリティは飛躍的に向上します。

ぜひとも**メモ魔になってください。**

73 「今回こそはうまくやる！」という感覚が大事

ささいなミスを記録して、それを成功パターンに上書きする。

これをやっていると、当然**「同じパターン」に再び遭遇**することがあります。

たとえば、「〇〇さんに電話しなければいけないという用事を先送りにしてしまった」というささいなミスを「すぐにその場で電話をする」という成功パターンに上書きしたとしましょう。

そして翌日同じように「△△さんに電話しなければいけない」という同じ場面に遭遇します。この瞬間こそ「行動パターン」をアップデートする最大のチャンス。

「そうだ。これまではつい先延ばしにしていたけれど、今回はすぐに電話しよう」と思って、その通りに行動する。

じつはこの**「これまではダメだったけれど、今回は○○する」**という感覚を意識するのが最大のポイントです。

何気なく資料を机の上に置く場合でも「これまでは適当に机の上に置いていたけれど、きちんとファイリングしてトレイに入れよう」と思い直して、その通りに行動する。「コンビニでいつもは甘い炭酸飲料を買っていたけれど、今回はミネラルウォーターを飲むようにしよう」と思い直して、その通りに行動する。「いつもは何も考えずに飲み会に参加していたけれど、今日は『参加する目的』をしっかり考えてから行こう」と思い直して、その通りに行動する。

この繰り返しがとにかく大事。

「行動パターンを変える」「行動の質を高める」とは、この繰り返しでしかありません。過去の失敗を引き合いに出しながら**「自分で上書きした行動」**を意識してやる。ただそれだけです。

その積み重ねをきちんとするか、それとも、これまで通りの「無意識な行動」を続けてしまうか。行動の質を決めているのは、じつはそんな差でしかないのです。

74 修正したいポイントをすべて書き出して点数化する

前の項目で「これまではダメだったけれど、今回はうまくやる」という感覚が大事だと述べました。この「ちょっとした修正」を繰り返せるかどうかで、人生は大きく変わります。

そこでもうひとつオススメなのが、「自分の修正したいポイント」「改善したい意識や考え方」「変えたい行動パターン」などを、とりあえず一度すべて書き出してみることです。

簡単に言えば、**自分の「イヤなところ」「ダメな部分」を棚卸し**するのです。

「すぐ噂話をしてしまう」「他人と比較して、ひがむ」「つい甘いものを食べてしまう」「後輩には偉そうにしゃべりすぎてしまう」「会議では気後れして、まったく発言できない」など振り返ってみればいろいろあると思います。

まずは、その「修正したいポイント」を書き出します。そうやって「目に見える形」になれば、それだけ意識しやすくなるでしょう。

あとは**一日ごとに自分なりの点数をつけていきます。**

夜寝る前、一日を振り返るときに「今日は噂話をしなかったのはプラスだけれど、昼食後に甘いカフェオレを飲んでしまったからマイナス」という感じで、5点満点で採点するのです。そして、1週間経ったら、その週の平均点を出します。

もちろん、人の行動はそう簡単に変わるものではありません。「今日は全然ダメだった」「0・5点しか取れなかった」という日もあるでしょう。

それでも**反省しつつ、採点を続けることが大事**です。

たいていの人はこの習慣自体をやめてしまい、結果として行動パターンも修正できずに終わりますが、この習慣さえやめることなく続けていれば、**必ずあなたの行動は変わっていきます。**

75 次にやることを「一個」だけ決めておく

本書では何度か「物事をオートマチックにする」という話をしています。

「さて、どうしようかな」と考えている時点で、体はストレスを感じ、せっかく良好に保ってきたコンディションが悪い方向へ動き出します。

優秀な人であればあるほど、「考えるべきこと」はしっかり、じっくり考えますが、**「考えなくてもいいこと」は徹底的に排除**します。

「考えずに、オートマチックに行動する」の原理を、一番シンプルに活用するのが「次に何をやるのかを一個だけ決めておく」という方法です。

たとえば外出先から会社に戻る際、「戻ったら、あの人にメールを出す」と一個だけ決めておきます。ここでのポイントは「一個だけ」です。3つも4つもやろうとすると、結局は覚えきれず「あれっ、何をやるんだっけ」「たしか、4つあったはずなんだけど」ということになります。

これでは、かえってストレスを増やしているだけ。

こんなことを言うと、**「やるべきことをリストに書いておけばいい」という人が出てくるのですが、私の経験上、これはあまりオススメしません。**

やるべきことをリストに書くと、「書くこと」自体が目的になり、「リストに書いた」ということで安心してしまうのです。

その結果、リスト自体を見直さなかったり、リストの中の「やるべきこと」の一部しかできなかったりします。ひどい人になるとリストを見ながら、「さて、どれからやろうかな」と、その時点から優先順位を考え始める人もいます。

この状況は、まったくオートマチックではありません。

次の行動をスムーズかつ的確に引き出したいなら、一個だけ決めておく。これに尽きます。この「一個の法則」こそ、もっとも現実的な方法です。

76 帰宅後にも「一個の法則」

「一個の法則」を習慣にしていると、だんだんと「やることが決まってない」という状況に違和感を覚えるようになります。

昼食から帰ってきて自分の席に着いたとき**「あれ、何も決まっていないなあ」という状況に居心地悪さを感じる**のです。これが当たり前になったら、あなたの行動パターンはかなりバージョンアップされていると言えるでしょう。

会社へ行く途中、歩いているときにも「次に何をやろうか」と大事な一個を考えるようになりますし、電車に乗っていても、タクシーで移動中でも、すべては「次の一個」へと意識が集中していきます。

そして、どこかに到着したら、何も考えることなく、まるで条件反射のようにその一個をやる。**まさにオートマチック**です。

何もこれは職場だけの話ではなく、家に帰った際も私は「一個の法則」を実践しています。「明日、○○の資料が必要だ」というなら「帰ったら、まずは鞄に○○の資料を入れる」という一個を決めます。

すると、家に着いたら着替えるより前に、まず資料を鞄に入れます。**その一個をやるために帰ってきたのですから、やるのは当然**です。

人間の記憶とは不思議なもので、その一個をやっていると、自然に「これも鞄に入れておこう」「この書籍は必要ないから、出しておこう」など2~3個の用事も関連して思い出し、いくつかのタスクが一緒に片づきます。

しかし、大事なのは「一個やることが決まっている」という状態にほかなりません。

家に帰った際に「ああ疲れた」と何もせず、いきなり休憩しているとしたら、それは違和感のある状況です。

そんなとき「あれ、一個の法則が実践されていない」と感じられるようになったら、あなたの行動は驚くほど洗練されているはずです。

77 「オフモード」に入る前に体を環境になじませる

仕事を終え、家に着いた瞬間、すべての荷物を放り投げて「ああ、疲れた」とソファにどっかりと体を横たえる。

そんな人も多いのではないでしょうか。

体の構造から言って、これはあまりいい「オフモード」の入り方ではありません。

すでに述べたように、自律神経は温度などの環境の変化に弱いもの。夏の暑い時期（あるいは冬の寒い時期）に家に帰った瞬間というのは、温度、湿度などあらゆる環境が一気に変わった瞬間と言えます。

当然、その瞬間に自律神経は乱れます。交感神経が跳ね上がり、体がある種の緊張状態に入ってしまうのです。

そんな状態でソファにどっかりと横になったところで、体の状態は整いません。本人は休んでいるつもりでも、体は休息モードにうまく入っていけないのです。

そういう意味でも「一個の法則」はオススメ。

家に帰った際、何かひとつ用事をこなそうとすると、そのまま体を動かし続けることになります。その「ちょっとだけ体を動かしている」という状態がじつは大事で、その間に、体は少しずつ（家の中という）新しい環境に順応していきます。

そうやって動きながら体を環境に馴染ませつつ（つまりはひとつだけ用事を済ませてから）、楽な格好に着替え、ソファに座る。

そうすると、体がスムーズに「オフモード」に入っていけます。

疲れて家に帰ってきて、そのままソファに倒れ込んだ際「いつまで経っても体が回復せず、何もする気がしない」なんてことがよくあるでしょう。

それは単に「疲れすぎている」のではなく、「オフモード」への入り方が悪いのです。

疲れているときこそ、正しい「オフモードへの入り方」を実践してください。

78 あらゆる行動がコンディションのチェックに役立つ

コンディショニングの基本は「今、ちょっと調子が悪いな」「状態がよくないな」と感じたときに、すかさず体にアプローチをして、悪い流れからよい流れに変えることです。

「水を一杯飲む」「片づけをする」「リズミカルに歩く」「深呼吸をする」など具体的な方法はいろいろあります。

むしろ、ここで大事なのは**「今、自分はどんな状態にあるのか」「どんなコンディションなのか」に気づくこと。**

とかく人は「自分の状態」に無頓着で、「本当にダルい」「疲れすぎて、まったく集中力が上がらない」「なかなか体が起きてこない」という状態になってからでないと自覚することができません。

そこで私がオススメするのは「さまざまな行動から、自分のコンディションのチェックをする」というアプローチです。

たとえば、朝、歯を磨いているとき「ゆったりと余裕を持って歯磨きをしているか」、それとも「慌てて、イライラしながら歯磨きをしているか」。

そんなことをチェックして、コンディションのバロメーターにするのです。

このとき「ちょっと自分はイライラしているな」「慌てているな」と感じたら、それはコンディションを崩し始めているサイン。そのタイミングで「水を飲む」「深呼吸をする」など改善アプローチをするのです。

駅まで歩くときのスピード、着替えをしているときの気分、ラッシュ時の電車で感じるストレス度合いなど、日常生活のちょっとした瞬間に「今の自分の状態」を感じ取ってみてください。

それらを丁寧にキャッチして、コンディションを整えながら生活するのと乱れたまま放っておくのとでは、大きな差が生まれるのも当たり前です。

79 忙しいときほど「ゆっくり、丁寧に」やる

ほとんどの場合、自律神経が乱れてくると、すべての行動が早く雑になってきます。

とても忙しいときに「○○さん、この書類のチェックお願いします」と言われたら、まず間違いなくおざなりにチェックしてしまうでしょう。

そして心の中では「この忙しいときに、面倒な仕事を持ってくるなよ!」と思っているわけです。

書く文字は乱雑になり、確認ミスやモレが出やすくなります。

数年前の私も、どちらかと言えばイライラしやすいタイプだったので、気持ちはすごくわかります。

しかし、ここでぜひ覚えておいてほしいのは、イライラして作業を急いだり、雑に

やると、さらに自律神経は乱れ、コンディションを崩していくという事実です。

忙しいとき、慌てているときは、ただでさえ自律神経が乱れています。そんなとき、「コンディションを整えよう」という意識がないと、悪い流れのまま、ますます自律神経は乱れ、仕事の効率、クオリティを落としていきます。

考えてもみてください。

忙しいとき、急いでいるときこそ、集中力を高め、より効率よく仕事をこなしたいと思いませんか。

だから、忙しいときこそ「ゆっくり、丁寧にやろう」という気持ちを持って、作業をすることが大事なのです。この意識を持てた瞬間から、体のコンディションは整ってきます。

「忙しいときほど、ゆっくり、丁寧に」。

忙しいときにイライラして、慌てているのはただ忙しさに酔っているだけで、さらにパフォーマンスを落としています。

80

仕事の重要度に差をつけない

仕事をする際、緊急度や重要度に差をつけろ。

そんなことを教えているビジネス書も多いと思います。たしかに、やるべき仕事に順番をつける必要はあるかもしれません。「まずこれをやって、次にこれをやる」という段取りを考えるのは大切です。

ただし、仕事の重要度に差をつけるのは、根本的に違うと私は考えています。

外科医にたとえるならば、**ガンの手術は重要で、虫垂炎の手術は軽んじていい仕事と区分けするようなものです。**

そんなことは絶対にありません。

たとえば、私にはさまざまな種類の仕事があります。患者さんに向き合って治療をする仕事もあれば、研究や論文の作成、学会関連の仕事をすることもあれば、先輩の資料の整理をしたり、お茶くみをすることだって過去にはありました。

そんな経験の中で私が強く感じたのは**「軽んじていい仕事なんてひとつもない」**ということ。人にお茶をいれるのだって「どんなお茶が好みだろう」「おいしいお茶をいれる方法は？」「出すタイミングは、いつがベストだろう」と考えながらやっていれば、当然真剣になるし、学ぶことも多い。

「お茶くみなんて自分の仕事じゃない」「こんな仕事は無駄だ」「適当にやればいい」と思っている人は、結局、どんな仕事をやっても本当の意味での一流にはなれないと思います。

日々仕事をしていれば、「これは価値ある仕事だ」と感じられるものもあれば、そうでないものもあるでしょう。それは誰にとっても同じです。

しかし、そんな**一見すると「重要でない仕事」に向き合ったときこそ、その人の価値がわかる**というものです。

81

すべての行動の前に「何のためにやるのか?」を考える

前の項目で述べた「仕事の重要度に差をつけない」ともつながるのですが、何かをする前には、必ず「何のためにそれをやるのか?」を考えることが大事です。

ただ「頼まれたから」という理由でお茶くみをする人と、「何のためにお茶をいれるのか」を考えている人とでは、仕事のクオリティが変わってくるのは当然です。

あなたは「何のためにお茶をいれるのか」という目的をきちんと考えたことがあるでしょうか。

「相手を喜ばすため」「お客さまにいい気持ちで打ち合わせをしてもらうため」「少しでも体を温めてもらうため」「夏の暑さから逃れ、ひんやりとした気持ちを味わってもらうため」など、お茶をいれるという仕事にもさまざまな目的があります。

そして、**目的を意識すれば、仕事のやり方も変わってきます。**

もちろんそれはお茶くみに限らず、資料づくりでも、会議に参加するときでも、もっと言えば飲み会に参加するときでも同じです。

もし、あなたが目の前の仕事に対し「つまらない」「やる気が出ない」「こんなことをしても意味がない」と感じているとしたら、それは目的をしっかり理解していないからだと私は考えます。

私の経験上、世の中に「価値のない仕事」「無駄な仕事」はひとつもありません。あなたにとっては目的が見えにくいものであったとしても、誰かにとっては**「何かしらの意味や意義」が必ずある**ものです。

だからこそ、私はどんな仕事をする際にも「これにはどんな目的があるのだろう」とじっくり、しっかり考えるようにしています。

そうやって目的を考えることで、自身のモチベーションを高め、行動の質をも向上させてくれるからです。

82 自分に合う「リフレッシュ法」を見つける

本章の最後に「リフレッシュの方法」について触れておきます。

大前提として、**人間の集中力はそれほど長く続かない**ことを理解してください。

長くても90分経過すると、集中力は格段に落ちてきます。

その状態になる前に、早めに休憩をして、体の状態を整えることが大事です。

実際には**1時間に一度は休憩する**ことをオススメします。

具体的な休憩法はいくつかありますので、自分に合うやり方（それぞれの職場、環境でできる方法）を採用してくれればいいと思います。

たとえば、デスクワークが中心の人は、とにかく「動くこと」。

同じ姿勢で居続けると血流が悪くなり、コンディションも乱れてくるので、**階段を**

上り下りする、トイレまで行く、簡単なストレッチをするなど、物理的に動くことを意識してください。

また、好きな音楽を聴くと副交感神経が高まり、体がリラックスするというのも実験で証明されています。目を閉じて、一曲だけ好きな曲を聴きながら休憩するのもいい方法です。曲を聴かなくても、何も考えずに目を閉じる（いわゆる瞑想をする）だけでも体の状態は整うので、ぜひ取り入れてみてください。

目を閉じて1～2分瞑想するだけなら、どんな職場でも可能ではないでしょうか。

ポイントは**「疲れたから休む」のではなく、「体のコンディションを整えるために計画的に休む」**こと。この意識が重要です。

そして言うまでもなく、ここでも「一個の法則」を忘れないでください。

休憩を終えたら何をするかをひとつだけきちんと決めてから休む。

これをやっておけば「仕事↓休憩↓再開」という流れが非常にスムーズになります。

第7章

ストレスには正しく対処する

メンタルの整え方

83　怒りがわいてきたらとにかく黙る

仕事にしろ、プライベートにしろ、腹の立つことは起こります。

ただ覚えておいてほしいのは、この「怒る」という行為によって自律神経は乱れ、**コンディションを大きく崩しているという事実です。**自律神経が乱れると、血流が悪くなるので、脳に十分な酸素と栄養素が行き渡らなくなり、冷静な判断力を失い、さらに感情の制御が利かなくなります。

加えて、自律神経は乱れると3〜4時間は回復しないので、一度怒ると、その後しばらく「悪いコンディション」のまま仕事をしなければならなくなります。

このように体のカラクリを知ってしまうと、「怒る」という行為がいかに無駄で、無益なものかがわかります。

といって「怒り」というのは、瞬間的に（かつ自動的に）わき起こってくるものなので「怒らないようにする」というのはむずかしいでしょう。

そこで提案したいのは「ああ、今、自分は怒りそうだな」と感じたら、とにかく黙るという方法。

とりあえず黙り、一度深呼吸をする。これだけを習慣にしてみてください。

「怒り」というのは不思議なもので「今、自分は怒りそうだ」と認識できた瞬間に50％は収まっています。そのときに「黙っていよう」と意識して、深呼吸をすれば、それ以上自律神経を乱さずに済みます。

自律神経が乱れ始める瞬間をキャッチして、**それ以上乱れないように先手を打つ**のです。

腹が立って、どうしても相手に何かを伝えたいと感じるときには、「怒りに任せてその場で言う」のではなく、コンディションを整えてから、あとで「もっとも効果的な方法で言う」という選択をしてください。これが正しいやり方です。

84

「怒らないと決めておく」だけで怒りの20%は減る

何年か前からアンガーマネジメントはひとつのトレンドになっています。世の中には、怒りをマネジメントしようとするさまざまな考え方や方法論があります。

怒りは自律神経を乱しますから、怒っていいことなどひとつもありません。

怒りを感じたら、とにかく黙る。

前項で紹介した方法ですが、もうひとつオススメのシンプルなやり方があります。

それは、**「怒らないと決めておく」**ことです。

「ただそれだけ?」と感じる人も多いでしょう。

世の中いろいろな人がいて、街を歩いていたり、電車に乗っているだけでも怒りを覚えることはあります。コロナ禍では、マスクをせずにジョギングしている人を見て、怒りを感じることもあるでしょう。

そんなとき「ああ、そうだ。怒らないと決めたんだ」と思えるだけで怒りの20％は収まります。対人関係でも、怒りそうな瞬間が訪れたら、「ああ、来た来た」「怒りの波がやってきた。でも怒らないと決めたんだ」と思い出してください。

人は完璧ではありませんから、それでも怒ってしまうことはあるでしょう。

でも、その都度「怒らないと決めたのに、怒ってしまった」と思い返せれば、徐々に怒りはマネジメントできるようになってきます。

「あなた＝私じゃない」という言葉があります。じつは、**怒りの多くは、自分の考えや価値観を他人にも強要することで発生**しているものです。自分の価値観やモラルに反することを言われたり、やられたりすると、つい怒りが込み上げてくる。

しかし、純然たる事実として「あなた＝私」ではありません。

同じことを求めること自体ナンセンスなのです。何か怒りが込み上げそうなときは、ぜひこのことを思い出してください。

85 怒りの奥の「不安」を見据える

人はどんなときに怒るのか。

もちろんそれはケースバイケースで、性格にもよりますが、反対に「あまり怒らない人」はどんな人だと思いますか。

じつは共通点があって、**気持ちに余裕がある人はあまり怒らない**ものです。

考えてもみてください。仕事も、家庭もうまくいって、人からも信頼され、好かれ、お金の心配もない。健康上の不安もなく、いつも気力が充実している。

そんな人が怒ることは滅多にありません。自律神経も安定しますから、体のメカニズムから言っても怒りがわき起こりにくいのです。

もし、あなたが怒りやすいタイプだとしたら、その奥にある「不安」を見つけ出してみてください。

たとえば、職場なら、

「自分の評価が下がってしまう」

「悪者にされてしまう」

「自分が軽く見られているのではないか」

などの不安がどこかにあって、怒りとして表出しているのではないでしょうか。

あるいは、目の前の状況とはまったく関係なく、家族の問題、お金の問題、健康の問題などの不安を抱えているがゆえに、つい怒りにつながってしまう。そんなパターンもあるでしょう。

ここで大事なのは、とにかく「自分は不安なんだ」と認識することです。

そして、それを一度はノートに書き出してみてください。

そうやって**客観的に「自分の不安」を見つめる**ことができただけでも、少なからず気持ちは落ち着き、高ぶった交感神経は正常に戻ってくるものです。

86

落ち込んだら迷わず「階段を上り下り」

上司やお客さまに怒られた。取引先の人を不機嫌にさせてしまった。仕事をしていれば、そんな場面は必ず訪れます。

そんなとき、多くの人は自分の席に戻り、しょんぼりと落ち込んでいたり、心の中がザワザワしたまま、できるだけ何事もなかったふうを装い、仕事の続きに取りかかるでしょう。

医学的に言って、それは得策ではありません。

「怒られて、落ち込んでいる」という時点で、自律神経は乱れ、体のコンディションは最悪。そんな状態で仕事をしても、効率が上がるはずもなく、さらなるミスを誘発するだけです。

「イライラしているとき」「気分が乗らないとき」も同じですが、「さあ、気持ちを入れ替えて、がんばろう！」などと自分に言い聞かせ「気持ちで何とかしよう」とするのはあまり効果がありません。

メンタルの問題を、メンタルで処理しようとしてはいけないのです。

そういうときこそ体の状態を整えることが一番。「心・技・体」で最初に整えるべきは、心ではなく体です。

「怒られて、落ち込んでいる」「イヤなことがあって集中できない」ときは、すぐに自分の席を離れ、**階段を1、2階分上ったり、下りたりしてください。**

体を動かすことで血流がよくなりますし、疲れない程度に階段を上り下りすると、そのリズミカルな動きによって副交感神経が高まり、自律神経のバランスはよくなります。

「ミスの後処理をどうするか」「取引先にどう謝るか」「次の仕事でどう挽回するか」など、**事後対応を考えるのは体の状態が整ってから。**いいコンディションで考えたほうが、いい方法が見つかるに決まっています。

87

苦手な相手からの電話は、いったん無視してかけ直す

スマホを使っていると、電話がかかってきた瞬間、出る前に相手が誰だかわかります。

相手の名前が出た瞬間に「イヤだな」「苦手だな」「面倒だな」と感じる場合には、とりあえず出ないで、折り返すほうが得策です。

スマホの画面に苦手な相手の名前が映し出された瞬間、あなたの自律神経は乱れ、コンディションは崩れています。

そんな最悪の状態で、苦手な相手とコミュニケーションをとろうとしてもうまくいくはずがありません。医学的に見て、じつに当たり前の話です。

苦手な相手であればあるほど、その電話には出ず、深呼吸をして、できれば水を一

杯飲んで、自分のコンディションを整えてからあらためて電話をすべきです。電話に限らず、メールやLINEのコミュニケーションも同じです。

相手のタイミングでコミュニケーションをするのではなく、できる限り自分のタイミングで話をする。あるいは返信をする。この意識を持つだけでも違います。

電話やメール、LINEなどの場合、(特にオフの時間には)「出るのか、出ないのか」「返信するのか、しないのか」を決めておくのも大事です。

夜、食事会をしているとき、あるいは、ミーティングをしているときに、相手のスマホが鳴って、話が中断させられることがありますよね。

電話に出たり、LINEを確認すること自体は構わないのですが、「電話が鳴ったら、何でも出る」「LINEはすぐに確認する」というのは正直賛同しかねます。

ちなみに私は、いわゆるオフの時間の場合、患者さんからかかってきた電話はほぼ例外なく出ますが、重要な案件を抱えている相手、失礼があってはいけない相手以外は出ないと決めています。

そのように「決めておく」のが、じつは大事なのです。

88 緊張を和らげたいときは、壁の時計を見る

「自分はアガリ性ですぐに緊張してしまうので、それをどうにかしたい」という相談を受けることがよくあります。

そもそも「緊張する」とは、これから起こる出来事に対して体が準備をしている状態なので、必ずしも悪いことではありません。むしろ、多少の緊張感は必要なものです。

とはいえ、「緊張しすぎる」「アガリ性だ」というのは決してよいコンディションとは言えないので、ひとつ対処法をお伝えしておきましょう。

私がよくアドバイスしているのは**「会場などに入ったら、そこにある時計を見て、形やメーカーを覚える」**という方法です。

緊張とは何の関係もないアドバイスのように感じられるかもしれませんが、「緊張しすぎる」とは、つまるところ「ひとつのことしか考えられず、完全に視野が狭くなっている状態」です。

そんなとき「できるだけリラックスすることが大事です」「そのことばかりを考えないようにしましょう」と言っても実践できるはずがありません。

頭を空っぽにしようとしても、不安要素がムクムクとわき上がってくるに決まっています。不安や緊張があるときに「それを考えないようにする」というのは一番むずかしいアプローチなのです。

だからこそ、時計を見て、形やメーカーを覚えるなど**あえて別のタスクを自分に課す**。すると、自然に意識を逸らすことができます。

スポーツ選手がルーティンをやるのも「決まった動作」を自分に課すことで、余計な緊張や不安を排除して、その**「動作そのもの」に集中する**狙いがあります。

とても簡単なので、ぜひ試してみてください。

89 リアルなシミュレーションが本番の成否を分ける

「緊張を和らげる」という話にもつながっているのですが、少しでもいい状態で本番を迎えるためには、徹底した準備が欠かせません。

講演にしろ、テレビ出演にしろ、プレゼンテーションにしろ、手術にしろ **「準備が成否を分ける」** と私は考えています。

10回のシミュレーションをすれば10回分の自信が生まれ、100回のシミュレーションをすれば100回分の自信が生まれる。

これは真実です。

ただし、このときに大事なのは、頭の中だけで適当にシミュレーションをするのではなく、流れをすべて書き出したり、実際に声に出して練習するなど、**できるだけリ**

アルにシミュレーションをやることです。

多くの人が経験していると思いますが、頭の中だけのシミュレーションというのは「なんとなく、こんなふうに流れていくだろう」「だいたいこんな感じだろう」という不確定要素が多く、楽観的な想定の中で進められてしまいます。また、詳細な場面や状況がイメージできていないケースも多いでしょう。

その点、リアルなシミュレーションは違います。

流れや段取り、想定される質問項目などをすべて書き出してみると、状況が可視化され、準備の不備が浮き彫りになってきます。声に出して練習すると、大事なところがつながっていなかったり、「うまく言葉が出てこない」ということにも気づきます。

準備というのは「ここまでやるか」「そこまでやらなくても」と周りがあきれるくらいやって普通だと思ってください。

「これくらいで大丈夫だろう」という気持ちが出てきたときほど、想定外の問題が起こり、足をすくわれます。

90 「心配事を入れる箱」を心の中に持つ

日々生活をしていると、どうしたって心配事は起こってきます。

仕事で問題が起こり先方にメールを送ったが、相手はどんな反応を示すだろう。

人間ドックの再検査の結果はどうだろう。

子供が受験の日を迎えたが、大丈夫だろうか。

などなど、心配事は尽きないものです。

心配事を抱えている時点で、あなたのコンディションはかなり悪くなっています。

そんな日に100％のパフォーマンスを発揮するのはほとんど不可能でしょう。

といって、心配事に振り回されて一日を台無しにするのはあまりにもったいない。

そこで私が提案しているのは「心の中に『心配事を入れる箱』を持つ」という方法

です。

実際に、**心の中に箱があるイメージをして、その中に心配事を入れ、カギをかける。**

そこまでの一連の流れを、本当に、リアルに想像するのです。

そして、「この仕事が終わるまではカギをかけてしまっておいて、仕事を終えたらカギを開けてまた心配しよう」と決めるのです。

もちろん、こんなことをしても心配事そのものはなくなりません。

しかし、人間の体というのは「○○のように対処する」という対処法が一度決まると、それだけで自律神経が整い、多少なりとも安心する方向へと働きます。

「カギをかけてしまっておく」**「とりあえず、今は心配しない」と決める**だけでも少なからず安心できるのです。

この方法で100％安心というわけにはいきません。しかし、何もしなければ普段の30～40％しか実力が発揮できないところを、70～80％に引き上げられる可能性は高まります。これもまたコンディショニングにおける大事な意識のひとつです。

91 「ストレスを生むのは自分自身」と思えた瞬間から自律神経は整い始める

「ストレスとどうつき合うか」もコンディショニングにおいてとても大事な要素です。

多かれ少なかれ、誰にでもストレスはあります。

「苦手な相手」「やりたくない仕事」などストレス要因を避けることができるなら、避けるに越したことはありません。

しかし実際には、避けることができないから、ストレスとしてあなたにのしかかっているのです。

「考えないようにしよう」「忘れよう」など、いわゆる「逃げる」という方法は得策ではありません。**どんなに逃げようとしても、すぐに脳裏に浮かんでくる**からです。

それならいっそ逃げるのはやめて、徹底的に向き合い、掘り下げるほうが現実的です。

ここでのポイントは**「ストレス要因を生み出しているのは誰か」を考えてみること**です。そして、それは十中八九自分自身です。

「イヤな上司がいる」「面倒な取引先がいる」という事態にしても「その職場で働く」「転職しない」と決めているのは自分。「イヤな仕事を押しつけられた」という状況においても「嫌われてもいいから断る」という選択をしなかったのは自分自身です。

誤解しないでほしいのですが、私は何も「結局、自分が悪い」とあなたを非難したいのではありません。

突き詰めれば「すべて自分がストレスを生み出している」と思うことができれば、ひとつの納得感が生まれ、そこから心は軽くなってきます。

自律神経というのは、他人を責めているうちは乱れる一方ですが、「そうか、自分に責任があるんだ」と、ある意味あきらめ、自覚できた瞬間から少しずつでも整い始めるものなのです。

92

1カ月間に生じたストレスをすべて書き出してみる

ストレスとは、結局自分が引き起こしているもの。

そして、同じことを何度も繰り返してしまう。

これは誰にでも当てはまるパターンですが、このパターンから少しでも抜け出し、ストレスフリーの日常を手に入れるのにいい方法があります。

それは**月に一度「1カ月間に生じたストレス」をすべて書き出してみる**ことです。

・友人にひどいことを言われた
・知り合いのSNSを見て、なんだかモヤモヤした
・仕事での失敗を自分のせいにされた

何でもいいので、とにかく書いていきます。

それらをザッと振り返ってみると「ああ、こうすればよかった」と思うことが多々あるでしょう。友人にひどいことを言われたとき「なぜ言い返さなかったんだろう」「この友人には前にもイヤな思いをさせられたのに、なんでまた会ってしまったんだろう」などです。

自分のストレスを書き出してみると、**1カ月単位と言っても、それほど多くないこと**にまず気づきます。そして、書かれたものを見ていると、冷静かつ客観的になれて**「次はこうしよう」という前向きな考え**が浮かんできます。

そのプロセスを経ているだけで自律神経は十分に整ってきますし、おまけに「次は少しだけうまくいく」かもしれません。

とりあえず「1カ月分のストレス」を書いてみてください。オススメの方法です。

93 「こうする」と一度決めたら悩まない

たとえば、あなたが上司から面倒な仕事を頼まれて、それを引き受けたとしましょう。あなた自身も忙しいのですが、頼まれるとイヤとは言えない性格なので、引き受けてしまいました。

ところが、すぐ目の前に暇そうにしている同僚がいて、あなたはつい「どうして上司は自分にこの仕事を頼んだんだろう」「もっと暇な人もいるのに!」と腹を立ててしまう。似たような場面はどんな人にでもあるでしょう。

こんなとき、一番よくないのが「どうして引き受けてしまったんだろう」「どうして上司は自分に仕事を頼んだのだろう」「アイツは暇なのに」と**いつまでも、クヨクヨ考え続けること**です。

そんな状況にならないために「行動パターンを改善すること」はもちろん大切。

しかし今回に関しては、あなたは一度「引き受ける」と決めたのですから、その先は迷わないという意識も必要です。

じつは、これはどんな場面でも起こること。

「Aという方法でやるか、Bにするか」「この仕事をやるか、やめるか」「休日出勤をするか、翌週に回すか」「残業をするか、しないか」「飲み会に参加するか、しないか」などなど……。

決断を下す段階では、じっくり、しっかり考えるべきです。

しかし、**一度決断を下したからには、あとは迷わず、集中して取り組めばいいので**す。仮にそれが間違った判断だったとしても、その先で迷ったり、悩んだり、腹を立てたりしても、結局は自律神経を乱し、仕事のクオリティを落とすだけ。

あなたの決断が間違っていたのなら、その場ではメモ帳に書いておいて、あとになってから「次はこういう決断をしよう」と反省なり検証なりをすればいいのです。

94

できる人ほど大事にしている「Don't believe anybody.」(誰も信用しない)

ストレスの9割は人間関係。これは間違いありません。

そして、**人間関係のストレスのうち、ほとんどが「相手に対する期待」から生じている**ことに気づいているでしょうか。

たとえば「同僚に気に入らない人がいる」というストレス。考えてみると、これは「もっとフレンドリーに接してほしい」「もっと、自分が好きな性格になってほしい」という期待の表れです。

期待と似ている言葉に「信用」というものがあります。これもじつにやっかいで、たとえば私が手術をしている際、助手の若い医師がミスをしたとしましょう。

このとき、私が腹を立てるのはなぜか。

それは相手を信用し、「うまくやってくれる」と期待しているからです。

人を信頼し、期待するのは人間的には美徳です。しかし、自らのコンディションを整え、常に高いパフォーマンスを発揮する上では、あまり得策ではありません。

大事なのは「Don't believe anybody.」の精神。

「誰も信用しない」とは、一見クールで、人でなしのように感じるかもしれませんが、**「すべては自分の責任である」という覚悟の表れ**と考えることもできます。

気に入らない上司がいようが、悪口ばかり言う同僚がいようが、後輩がミスをしようが、取引先が勝手なことを言おうが、いつ、どこで、どんなミスが起ころうが、すべては自分の責任。そう認識していれば、他人に腹を立て、自律神経を乱すことはありません。

大事なのは、どんな状況下でも、ストレスフリーで、ベストなパフォーマンスを発揮することです。

だからこその「Don't believe anybody.」なのです。

95 ストレスは複数持つほうがうまくいく

大前提として、世の中にいるほとんどの人が複数のストレスを抱えながら、何とか折り合いをつけて、日々生きています。

もしあなたが「たったひとつのストレス」に悩んでいるとしたら、それは幸せだと考えたほうがいいでしょう。「たったひとつのストレス」にクヨクヨ悩んでいるとしたら、往々にしてそれは経験不足の人です。

たとえば、10代の若者が恋愛で悩んでいる場面を想像してみてください。

彼ら、彼女らは恋人からのＬＩＮＥの返信がちょっと遅いだけで、まるでこの世の終わりのように悩み、人生を悲観します。恋人と別れることになろうものなら、「運命の人を失った」とばかりに悲しみ、悩み続けます。

しかし、ある程度の経験を積んだ大人から見れば、「そのくらい、よくあること」「これからいくらでもいい人が現れるよ」と思うでしょう。

「たったひとつのストレス」に悩んでいる人は、この状況によく似ています。ストレスがひとつしかないから、それに過度にとらわれるのです。

私は自律神経の専門家としても、ひとつではなく、**複数のストレスを抱え「それが当たり前なんだ」というくらいの感覚でいたほうがいい**と思っています。

体のしくみから言って、自律神経自体を鍛えることはできませんが、さまざまな経験を経て、ストレスへの耐性を高めていけば、少々のことでは動じなくなり、自律神経も乱れにくくなってきます。

コンディショニングという意味ではストレスフリーになることが理想ですが、たったひとつのストレスに振り回されるくらいなら、複数持って、**ストレス耐性を高める**こともある程度は必要なのです。

96

「言わなければよかった」「しなければよかった」を上書きする

誰にだって「あんなことを言わなければよかった」「しなければよかった」と後悔することがあるでしょう。

反省することは大事です。ミスのひとつとしてメモをとり、一日の終わりに「成功パターン」に上書きしておくことは、すでに紹介した通りです。

ただし根本的な考え方として、「あんなことを言わなければよかった」という事態は、**あなたにとって「言わざるを得なかった事態」とも言える**のです。

そのときのあなたは、自分に余裕がなく、人間として未熟だったのかもしれません。

でも、それがその瞬間の精いっぱいなら、仕方ないじゃないですか。

もちろん私にも「言わなければよかった」「どうして、あんなことをやってしまったんだろう」と後悔せずにはいられない瞬間はいくらでもあります。

その瞬間のことを思い返してみると、やはり自分が未熟で、冷静さを失い、正しい判断ができなかったことばかりです。

私たちが経験から学ぶべきは、「言わなければよかった」「やらなければよかった」という現象面ではなく、「言わずにいられる人間」になることであり、人として成長することです。

私もまだまだ発展途上ですが、以前に比べれば格段に「言わなければよかった」「やらなければよかった」と後悔・反省する場面が減ってきました。

それは「腹が立っても、言わずに我慢できるようになった」というより**「そんなことにいちいち腹を立てなくなった」「自分のコンディションを崩すほうが馬鹿らしい」**と余裕を持って思えるようになったということです。

そうなるまでには長い年月を要しましたが、自律神経を整えるとは、究極的にはそういう人間としての鍛錬なのかもしれません。

97　一日一枚写真を撮る

コンディションを整える具体的な方法として「一日一枚写真を撮る」のもオススメです。

写真を撮ることがどうしてコンディショニングにつながるのか。

そんな疑問を持つ人もいるかもしれません。

しかし考えてみてください。忙しくて余裕がないときほど、自分の周囲であったり、環境であったり、それこそ周りに広がる自然に目を向けられないでしょう。

目の前にある仕事、降りかかっている問題ばかりに意識を奪われて、心に余裕がなくなっているからです。

そんなとき、少しだけ顔を上げて、周囲に目を向け、写真を一枚撮ってみる。

それだけでも、忙しい日常のリセットになり、**自分の気持ちを振り返るバロメーター**にもなります。

何もインスタ映えする写真を撮る必要はありません。道端に咲いている一輪の花でも、夕焼けでも、カフェに入ったときのマグカップでも構いません。ちょっと心に留まったものを一枚撮っておいてほしいのです。

じつは私はこれまでSNSを一切やっていなかったのですが、新型コロナウイルスの問題が起こってから、インスタグラムを始めました。

理由はシンプルで、自分の生活の中に「小さなリセット」をつくるためです。

2020年以降、私たちの日常は「コロナ」に大きく支配されるようになりました。知らず知らずのうちに「コロナ禍の生活」に心も体も支配されて、その流れに乗せられてしまっているのです。

コンディショニングにとって「悪い流れが続いてしまうこと」が一番よくありません。大切なのは、**自分で意識的にリセットをして、少しでもいい流れに軌道修正する**こと。私にとって、新しく始めたインスタグラムがリセットのひとつの方法です。

98 SNSは自分のためにやる

コロナの問題でなんとなく息苦しさを感じたり、気持ちが晴れなかったとしても「毎日、一枚写真を撮って、インスタに載せる」という習慣があるだけで「ちょっと散歩に行ってみようかな」と思えたり、会社からの帰りに道端に咲いている花に目が行くようになります。

どんなときでも季節は確実に巡っています。

そんな**季節の移り変わりにも意識を向ける**ことができます。

前の項目で述べたように、一日たった一枚でもいいので写真を撮って、できたらSNSにアップするのはオススメです。

ただし、ここで大事なのは、あくまでも「**自分のためのSNS**」ということです。

写真はどんなものでも構いません。

そして「いいね」の数が何件だろうが、フォロワー数が何人だろうが関係ありません。あなたも、私も「自分の日常の小さなリセット」をするために写真を撮り、ほんのわずかなはり合いというか、楽しみのひとつとしてSNSを活用するのです。

私の友人たち（多くの著名人）に比べれば、わずかなフォロワー数ですが、私はそんなささやかな日常を、自分なりに楽しんでいます。

ぜひ、あなたの忙しい日常にも、そんな「ゆったりとしたスキマの時間」をつくってみてください。

一日を振り返ったとき、「あれ、今日は一枚も写真を撮っていない」という日がもしあったら、それだけ心に余裕がなかった一日ということです。

そんなときは、目の前のペン立てでも何でもいいので一枚写真を撮って、「明日はもう少し素敵な瞬間を切り取ろう」と気持ちをリセットしてみてください。

第8章

自分のタイプを知る

自分らしさの整え方

99 人間は4つのタイプに分けられる

これまで本書では自律神経を整え、良好なコンディションを維持するための具体的な方法を数多く紹介してきました。

そこでのキーワードをひとつ挙げるとしたら**「ストレスフリー」**です。

できるだけストレスのない状態をつくることが、結果として自律神経を整えることにつながります。ただし、ひと言でストレスと言っても「どのような状態にストレスを感じるか」は人それぞれです。

そこでこの項目では、4つのタイプを提示するので「あなた自身がどのタイプなのか」を考えてみてください。

タイプ1――周囲の目を気にすることなく、自分本位で突っ走れるタイプ
タイプ2――基本的には周囲の目を気にしないが、大事なポイントでは自分を抑え、周りに合わせられるタイプ
タイプ3――基本的には周りの目を気にするが、大事なポイントでは自分の思う通りに行動できるタイプ
タイプ4――常に周りを気にして、協調するタイプ

たとえば、「あの人は嫌いだ」と思ったら、社内で会ってもろくにあいさつもせず、平気な顔をしている人がいるでしょう。そんな人は典型的なタイプ1。優秀な外科医にもこのタイプは大勢います。

一方で、自分を主張すること自体がストレスになり、むしろ「周りに合わせているほうが楽」というのがタイプ4。タイプ2と3はその中間的な人たちですが、まずは「自分がどのタイプか」を考えてみてください。

100 ストレスフリーとは「本当の自分らしくいる」こと

本書で私が推奨しているストレスフリーとは、何も「自分勝手に、自由に振る舞う」ことではありません。

会社の中で「あの人は、言いたいことを言って、自由に仕事をしているよね」「周りのことなんてまるで気にしていないよね」というタイプがいるでしょう。

たしかに、本人はストレスフリーかもしれません。

でも、その人と同じ態度をとることがすべての人にとってストレスフリーかといえば、決してそうではありません。タイプ1の人にとっては「周りを気にせず、自由にやる」というのはたしかにストレスフリーですが、タイプ4にとっては苦痛以外の何ものでもありません。

大事なのは「自分にとってのストレスフリー」とはいったいどういう状態なのかを知り、それに即した考え方や行動をすることです。

たとえば、あなたがひどい上司に悩まされているとします。

すると、友人や同僚が「一度、はっきり言ったほうがいいよ」「さらに上の上司に報告するべきだよ！」などと強気のアドバイスをしてくれることがあるでしょう。

たしかに、それもひとつの方策です。

しかし、「はっきり言う」「さらに上の上司に報告する」という行為自体があなたにとって大きなストレスになるなら、むしろ黙っているほうがいいのです。

「黙っている」という（もっともストレスの少ない）選択をした上で、さらに別の方法でストレスを軽減し、コンディションを整えるアプローチを考えましょう。

ちなみに、私はタイプ3「基本的には周りの目を気にするが、大事なポイントでは自分の思う通りに行動できるタイプ」なので、どの部分で自分を抑え、どこで自分を主張するかを常に慎重に考えています。結局それが、私にとってのストレスフリーだからです。

101 「八方美人」がストレスにならないなら、どんどんやればいい

2013年に発売された『嫌われる勇気』という本が長くベストセラーになっています。

なぜこの本のメッセージが多くの人に受け入れられたかといえば、それだけ「人に好かれようとすること」が多くの人にとってストレスだからです。

ただ、ここで忘れてほしくないのが、**「人に好かれようとする」「八方美人になる」ことが、ストレスなくできる人もいる**という現実です。

タイプ4のような人は「嫌われる勇気を持って行動する」より「周りを気にして、八方美人になる」ほうがはるかにストレスフリーなのです。

もしあなたがタイプ4で「自分を主張するより、人に合わせているほうがストレス

フリーだ」「そのほうが自分らしくいられる」というのであれば、自信を持って八方美人になってください。本当にそれでいいのです。

周りの風潮に流されて「八方美人はダメ」「もっと自分の意見を言わなきゃ」と**がんばることでストレスを増やしているとしたら、それこそ本末転倒。**

本書のテーマである「力の出し方」という側面から考えるなら、タイプ4の人はタイプ4の人なりの「力の出し方」を身につけることが肝心です。

そもそもタイプ4の人は協調性が高く、どんな人ともうまくつき合っていけるので、その特性（強み）を生かして、チームの中で振る舞えばいいのです。

タイプ4に限らず、あらゆるタイプに共通して大事なのは「自分のタイプ、特徴、強みを生かして、どうすればストレスフリーで力を発揮できるか」を考えることです。

違うタイプの人のやり方、成功パターンを無理やり真似するのではなく、「自分なりのやり方」で「自分に適したフィールド」で勝負する。

それが一番大切ですし、自分を生かす、もっとも効果的な方法です。

102

かけがえのない人生。「我慢するのが当たり前」だと思わない

前の項目で述べたように「人に合わせて生きていく」のが苦でないならば、それもひとつの生き方です。

ただし、「自分は本当に我慢していないのだろうか」ということは、ぜひともじっくりと自問自答してみてください。

なぜこんなことを言うかというと、私は職業柄「もう人生が長くない」という人たちにも関わります。なかには余命半年と宣告される人もいます。

そんな人たちと間近で接していると、いつも思うのは「人生は、我慢するのが当たり前ではない」ということです。

もし、あなたの余命が半年なら、イヤなことを我慢してまでやるでしょうか。スト

レスフルな職場に毎日行くでしょうか。

もし、そんなストレスいっぱいの会社なら、きっと今すぐ会社を辞めて、もっと大切なことに——普通の日常生活を送ることであったとしても——大事な時間を費やすと思います。

それが自分の人生を生きるということです。

我慢をして、周りに合わせて、何かを乗り越えることを、もしかしたら美徳のように感じているかもしれません。そうやって成長してきた部分も当然あることは否定しません。

しかし、本当に人生の残り時間が少なくなったとき、そんな時間の使い方をあなたはしたいと思うでしょうか。

余命わずかになった人たちの多くが「もっと自由に生きればよかった」「もっと家族との時間を大切にすればよかった」と口にします。

私は何も「我慢をせず、自分勝手に振る舞え」と言いたいわけではありません。しかし、かけがえのない人生において「我慢するのは当たり前」では決してありません。

103

自分なりの「快適パターン」を見つける

私は2〜3年に一度は引っ越しをするようにしています。

この話をすると「そんなに頻繁にですか！」と驚かれ、「たいへんじゃないですか」とよく言われるのですが、これが私の「快適パターン」なのです。

私にとっては同じところにずっと住み続けているほうがストレス。2〜3年に一度、断捨離も兼ねてすっきりと身の回りを整理して、新しい環境で暮らし始めるほうがストレスフリーで、生きる活力になるのです。

もちろん、皆さんに引っ越しを推奨しているのではありません。

ストレスフリーで人生を楽しんでいくために、自分なりの「快適パターン」をぜひ見つけてほしいという話です。

ちなみに、私は**新年になるとメガネを4本と靴を5足買う**と決めています。

メガネ屋に行ったら、一気に4本買ってしまいます。用途がそれぞれ違うメガネを2本ずつ、新年には新調すると決めているのです。

これを言うとまた「去年のメガネがまだ使えるんじゃないですか」という人もいるのですが、**そういうサイクルで生きていくことが、私にとって快適な生活**なのです。

靴に関してもまったく同じで、それほど高級な靴ではなく手ごろなものを、新年に5足買っておくと、1年間、それを順番に履いていれば事足ります。

そのうち1足だけは「大事な用事」のためのもので普段は使わないのですが、残りの4足を毎日履いていると、だいたい1年ほどで汚れたり、傷んだりしてきて、じつにちょうどいいタイミングです。

これらの習慣は、新年にリフレッシュする儀式でもありますし、それ以外の日常は何も考えず、靴を履き、メガネをかけることができる「ストレスフリーの生活」を支えてくれる要素でもあります。

このスタイルもまた私の「快適パターン」なのです。

104

本当の得意分野で勝負する

人生を切り開いていくために、もっとも大事なことは「本当の得意分野で勝負すること」だと私は考えます。

人間は、つい「あれも、これも」といろんなところに手を出したくなるものです。その道で活躍している人を見れば「自分もあんなふうになりたい」と思いますし、ちょっと視野が広がってくると、あらゆる分野で評価されたいと思うようになってきます。

そもそも人生は「失敗」と「回り道」の連続ですから、いろんなことをやってみるのはいいと思います。特に若いうちは「自分の得意分野はここ」「だから、それ以外はやらない」と決めつけず、さまざまな経験を積み、失敗をして、傷つくことも必要です。

ただし、ある程度のキャリアを積んだら、「本当の得意分野」で勝負をすることが大切です。

要するに**「絞り、捨てる」**ということです。

私も医師としてテレビやラジオに出演することが増えてくると、ときとして政治や経済のコメントを求められることがあります。そんなとき、以前なら「政治や経済のコメントもできるよう、その方面もがんばろう」と思っていましたが、あるときからスッパリやめました。

「そんなことをするくらいなら、もっと自分の得意分野に特化していこう」。そうはっきりと思い直したのです。まさに「絞り、捨てた」のです。

そう思えた瞬間から、私は本当の意味でのストレスフリーになりましたし、自分の専門・得意分野でのクオリティは確実に上がりました。人生を切り開いている人というのは、結局のところ**「自分の得意分野にこだわって生きている人」**なのです。

105

本当の得意分野では「ねたみ」「ひがみ」は生まれない

「得意分野で勝負する」とは、突き詰めれば「自分との戦い」だと私は考えます。

他人と比較して「勝った、負けた」と優越感に浸ったり、ねたんだり、ひがんだりしているうちは、本当の意味での得意分野ではないと思います。

注意深く周囲を観察してみると、他人の悪口を言ったり、ねたんだり、ひがんだりしている人は、結局は、自分の苦手（あるいは、それほど得意でない）分野で勝負している人ばかり。

本当の意味で「これが自分の生きる道だ」という覚悟と確信を持っている人は、つまらないことでねたんだり、ひがんだりしません。

もちろん、どんな世界にも上には上がいますから、自分が選んだ道の先で「さらに優れた達人」と呼ばれる存在に出会うこともあるでしょう。

しかし、本当の得意分野で生きている人なら、そんな「達人」に出会ったときにねたんだり、ひがんだり、相手を貶《おとし》めるようなことを言ったりはしません。「この人は、どうしてこんなにスゴいのだろう」「どうやっているんだろう」「何を考えているんだろう」と興味津々になるものです。純粋な興味や向学心が先に立ち、「とにかく学びたい」気持ちになるはずです。

結局は、そのメンタリティで高みを目指せる人がどんどん成長していくのであり、自他ともに認める「達人」になっていくのでしょう。

さて、**あなたにとって「本当の得意分野」とはいったい何でしょうか。**

何もそれはスポーツ、医療、政治といった大きなジャンルでなくても構いません。「新しいアイデアを生み出すこと」「お客さまに対して誠実に向き合うこと」「人をサポートすること」など、何でも構いません。

ぜひとも「ここだけは誰にも負けない」という自負を持てる「本当の得意分野」を見つけ、そこで勝負してください。

106
「今が一番若い」と意識する

40代、50代になってくると「ずいぶん歳をとってしまった」と感じることが増えてきます。

何かにチャレンジする気持ちが萎えてきたり、自分に自信がなくなってきたり、体調の不安も増えてくるかもしれません。不安が増えれば、自律神経も乱れ、実際に体調も優れなくなってきます。

そんなとき、**10年後の自分を想像してみてください。**

10年後のあなたは間違いなく「今のあなた」に戻りたいと思っています。

10歳若くて、健康で、自信に満ちあふれ、何でも挑戦できる「今のあなた」に戻りたいと心の底から思っています。

当たり前の話ですが、どんなときでも「今の自分」が一番若い。

私だって10年前の自分を思えば、「あのときもっと体を鍛えておけばよかった」「よりよい生活習慣に変えておけばよかった」「あんなことにもチャレンジしておけばよかった」と思うことがたくさんあります。

それとまったく同じことを10年後の自分は思うのです。

それなら、まさに今、始めればいいじゃないですか。

やってみたいと思うことがあるなら、ぜひ今始めてみることです。

体を鍛えることでも、生活習慣の改善でも、人とのつながりでも、新しいコミュニティに入ることでも、1カ月に10冊の本を読むことでも何でも構いません。

とにかく、一番若い「今」始めることです。

今から始めて10年を過ごすのか、結局何もせず「あのときにやっておけばよかった」と10年後に振り返るのか。

あなたはどちらの人生を送りますか。

どんなに歳をとったとしても「今が一番若い」のです。

107 過去ではなく「新しい自分」に目を向ける

先に述べた通り、私はコロナの問題が起こってから、毎朝4時半に起き、5時から1時間ほど散歩をするようになりました。

「そんな習慣を始めた」と人に言うと、多くの人から「決めたことを、よくきちんと実行できますね」「どうしたら、そんなふうに実践できるんですか」と質問されます。

ひと言で答えるなら**「常に変わろうと思っているから」**です。

私は2020年の7月に60歳になりました。やはりひとつの節目ですから、「これから、どうやって生きていこうか」「どんな人生を歩んでいこうか」と考えるわけです。

そのとき、私にとってもっともピンと来たのが**「毎日、新しい発見をしながら生きていく」**というイメージでした。周りに対してもそうですし、自分自身に対しても同じです。

あらためて考えてみると、50代までは「過去を振り返りながら生きている」という印象がありました。別に後ろ向きに生きてきたわけではありませんが、「今まで、何をやってきたのか」「何を成し遂げてきたのか」を考えたり、「どんどん歳をとっていくなあ」と感じたりすることが多々ありました。

要するに、過去に目線が向いていたのです。

でも、60歳になって本当の意味で「今が一番若い」と感じられるようになりました。何かを始めるなら今ですし、変えるなら今です。

だから、朝4時半に起きて、1時間の散歩をするという習慣も、自分が変わり、新しい発見をするために、自然に始められるのです。これまでやっていなかったSNSを始めるのも同じです。

「今さら何かを始めても仕方がない」と思う人もいるかもしれません。でも、そう思うのは過去に目が向いている証拠。新しい自分に出会うなら、もっとも若い「今」始めるのは最適なタイミング。これ以上のタイミングはありません。

108

100回失敗しても、101回目に成功すればいい

本書では、さまざまな「考え方」「意識の変え方」「方法論」を紹介してきました。

本書に書いてあることを実践すれば、間違いなく、あなたは「あなたらしい、すばらしい人生」を切り開いていけます。

しかし、はっきりと申し上げておきますが、**どんなささいな事柄でも、そんなに簡単に実践し、習慣化できるものではありません。**

「仕事を終えたら、帰る前にデスク回りを片づける」にしても、「次の行動をひとつ決める」という「一個の法則」にしても、「目的を考えてから飲み会に参加する」というやり方にしても、一つひとつはじつにささいで単純なものですが、いざ実践しようと思うと、そうそううまくはいきません。

だから、**少しくらいうまくいかなくても、決して落ち込まないでください。**

それは、あなたの意志が弱いのでも、行動力が足りないのでもなく、人間として当たり前なのです。

ただし、日々反省をして「今回はダメだったけれど、次はこうしよう」「明日はこれをやろう」と考えることだけは、めげることなく続けてください。

一日の最後につける点数が「0点」でも構いません。ただし、その「0点をつける」という習慣だけはやめないでほしいのです。

100回失敗を繰り返せば、101回目には成功する日が訪れます。

ぜひともその101回目を信じて、反省と検証だけは続けてください。

本書で紹介したさまざまな「整える習慣」が、いつしかあなたの習慣となり、すばらしいパフォーマンスを安定的に発揮できるようになることを私も願っています。

そうなれば確実に、あなたの人生は変わっているはずです。

Pick up!

毎日、イキイキと生きる7つのレッスン

1 ✓ 窮屈な服や靴は選ばない

2 ✓ 昼食後の2時間はルーティンワークに徹する

3 ✓ ゆっくり、静かに話す

4 ✓ 週一日は睡眠の日をつくる

5 ✓ 食事は「腹6分目」

6 ✓ 次に行動する「一個」を決める

7 ✓ 自分の快適パターンを見つける

本書は2015年6月にKADOKAWAから発行した『一流の人をつくる 整える習慣』を文庫化にあたって大幅に加筆修正、再構成、改題したものです。

日経ビジネス人文庫

整《とと》える習慣《しゅうかん》

2021年2月1日 第1刷発行
2023年7月25日 第22刷

著者
小林弘幸
こばやし・ひろゆき

発行者
國分正哉

発行
株式会社日経BP
日本経済新聞出版

発売
株式会社日経BPマーケティング
〒105-8308 東京都港区虎ノ門4-3-12

ブックデザイン
井上新八

本文DTP
ホリウチミホ(nixinc)

印刷・製本
中央精版印刷

Printed in Japan ISBN978-4-532-19995-1